家庭教育的秘密
来自清华北大的36篇教养手记

② 有效语言的力量

闻道清北 著

江西美术出版社
全国百佳出版单位

图书在版编目（CIP）数据

家庭教育的秘密 / 闻道清北著. -- 南昌：江西美术出版社，2022.9（2023.3重印）
ISBN 978-7-5480-8667-3

Ⅰ. ①家… Ⅱ. ①闻… Ⅲ. ①家庭教育 Ⅳ. ①G78

中国版本图书馆CIP数据核字（2022）第143547号

出 品 人：刘　芳
责任编辑：王洪波　李　佳　李嘉俐
书籍设计：今亮后声
责任印制：谭　勋

家庭教育的秘密
JIATING JIAOYU DE MIMI

著　　者：	闻道清北
出　　版：	江西美术出版社
社　　址：	南昌市子安路66号
邮　　编：	330025
电　　话：	0791—86517725
发　　行：	全国新华书店
印　　刷：	三河市嘉科万达彩色印刷有限公司
版　　次：	2022年9月第1版
印　　次：	2023年3月第3次印刷
开　　本：	870mm×1220mm 1/32
印　　张：	11.75
书　　号：	ISBN 978-7-5480-8667-3
定　　价：	98.00元（全两册）

本书由江西美术出版社出版。未经出版者书面许可，不得以任何方式抄袭、复制或节录本书的任何部分。
本书法律顾问：江西豫章律师事务所　晏辉律师
版权所有，侵权必究

编委会

内容策划

龚夕琳　伍廉荣（清华）　刘娴素　杨子悦（清华）
徐丽博（北大）　于思瑶（清华）　纪博琼（北大）

作者团队

── 清华大学 ──

张淑杰	王奕贺	程楚晋	尚馨蕊	刘雅迪
桑宇琪	甘宏健	张　敏	高明轩	于思瑶
胡子煊	张　圳	都心仪	李歆怡	韩思雨
白雨婷	郑若彤	伍廉荣	张　蓉	

── 北京大学 ──

江科贤	何星原	郭　煜	纪博琼	王敏淇
张晓倩	郑梦凡	白思雨	鲍佳音	张　敏
张灏宇	徐丽博	王廷骥	张小乔	马开颜
陈婧琪	陶　欣			

推荐序

家庭教育的秘密
来自清华北大的
36篇教养手记

谨献给所有的父母与孩子

接到编辑邀请推介自己评注的书，颇有些王婆卖瓜之嫌。我从心理学角度所做的点评欢迎各位翻开书籍一阅，此时不妨分享我作为读者最真挚的感受。

所有的文章都来自孩子的视角。作为清北学子，他们是同龄人中的佼佼者，善于学习。而本书中没有"假大空"的心灵鸡汤和速成锦囊，只有最真实的成长故事。剥离清北的光环，我们可以看到，这些"天之骄子"有着和每个孩子相似的迷惘，会贪玩、偷懒，甚至和父母拌嘴。而这些"模范父母"亦如同每一个关切孩子的父母，也可能会犯错，急躁，火冒三丈。但是，是什么因素最终指向卓越的家庭教育？

我们能在这些优秀的少年和智慧的家长身上寻找到共性。其一，亲子间有着良性的沟通。一些家长的教养方式本身就以鼓励、支持为主，包容孩子的错误，家庭环境温暖。但是我们也可以看到，"被比较"贯穿不少孩子的成长历程，作为成年人的我读来仍感到刺痛。幸运的是，多数家长都能意识到自己的做法存在问题，试着将情绪化的宣泄转化为有可操作性的行动建议。其二，父母尽力为孩子创设学习条件。最常见的是培养阅读的兴趣，在买书上毫不吝惜金钱。或是一张安静的、光线充足的书桌，或是一项细微处学习习惯的培养，或是以身作则展示高度的自律。这种对学业的支持，无关教诲，真正地做到润物细无声。其三，父母将孩子视为平等相处的对象，而不是依附物。很多父母培养孩子的自主规划能力，从很小的年龄起，孩子就意识到学习是自己的事情，而非外界的要求，自己的人生应该由自己把握。善于聆听孩子的批评和建议，改变自己不妥当的做法。不摆家长架子，能适当示弱和放权。

我要向所有读者推荐这本书，不仅因为这是一本实用的家庭教育手册，适合亲子共读。也在于，我们作为父母，作为指导者，常常怀着期许，而有时一厢情愿不免落空。爱之深，责之切，可能有种种复杂的负面内容需要表达，但是我们可以选择积极、正向的措辞，把对方作为一个独立的个体去尊重和看待。这从来不是一件易事，需要长时间的修炼，愿与诸君共勉。

曹阅微 心理学博士

2022年6月14日于荷兰

推荐序

家庭教育的秘密
来自清华北大的
36篇教养手记

什么样的家庭能培养出清华北大学子？

什么样的家庭能培养出清华北大学子？我曾被无数的家长问过这样的问题，他们或好奇或纠结，同时也十分迫切地希望得到答案。为什么那么多家长想破解清北家庭的教育之道呢？很简单！家长们希望凭借清北家庭的"标准"和"参数"，能够复制于自己的家庭之中、自己的孩子之身。那么，清华北大学子家庭的"标准"和"参数"真的存在吗？

俄国著名作家托尔斯泰曾提到：幸福的家庭都是相似的，而不幸的家庭则各有各的不幸。同理，成功的家庭都是相似的，而失败的家庭则各有各的失败。我认为，清北家庭的教育密码是真实存在的。

正如前言，成功家庭都有"相似之处"，即统计学里大样本中的共性规律。为此，我们闻道清北团队在三年的时间里交流访问了上百位清华北大同学，了解他们的成长经历和家庭教育细节，耐心剖析，终有所获，初窥成功家庭教育的密码，最终编著成书。我们相信知晓这些秘密即便不能让您立马径情直行，但也能按图索骥得到启示。

"父母之爱子，则为之计深远"。为人父母者，无不希望将孩子培养为人中龙凤，那么不妨看看这36篇来自清华北大的教养手记。

或许每个教育者都会疑惑：做合格的家长，需要注意哪些问题？面对孩子成长中的各种难题，应该怎么解决？培养清北学子，有什么好方法？这36篇教养手记就是最好的答案。

每一篇都聚焦一个成长问题，每一篇都是一个教育故事。父母怎样做，孩子怎样想，36位清北学子娓娓道来。您会发现，原来那些优秀的"别人家的孩子"也都会受挫，会经历困难，会有心结，会和家长产生各种各样的摩擦。但是聪明的父母却能用语言和行动打破隔阂，拉近心与心的距离，为孩子的成长保驾护航。

家庭教育的秘密，藏在每个清北学子的经历中，期待您的阅读和探索！

伍廉荣 清华大学
徐丽博 北京大学

序言

家长怎么说,孩子才肯听

语言是一门艺术,说话是一种技巧。对于家长来说,日常的亲子沟通主要靠语言来进行。作为孩子的第一任老师,家长的一字一句对孩子的影响都是巨大的、深远的。语言在亲子教育中有着相当重要的地位,从某种意义上说,家长怎么对孩子说话,将决定着孩子成为什么样的人。

家长平时对孩子的说话方式,包括语言、语气、动作、表情,实际上都会对最终的沟通效果产生影响。时常听到家长抱怨:同一件事说了很多遍,孩子就是听不进去,怎么办?孩子乱发脾气,家长想安慰却说不到点上,怎么办?孩子到了青春期不服管教,还叛逆顶嘴,怎么办?孩子总是闯祸犯错,还撒谎逃避,怎么办?

家长们执着于解决问题,但是却忽略了,我们的语言是否真的有效，是否能真正地表达出我们的真心？

家长可能没有意识到，即便是一句关心的话，但如果带着怒气说，孩子只会将其理解为指责。家长对孩子的初心和本意是好的，可是脱口而出的话到了孩子那里，就变了味儿，要么充耳不闻，要么反感对抗，为什么结果会这样？其实，问题的根源还是在沟通上，在语言的表达和运用上，在沟通的态度和角度上。

在语言沟通中，家长习惯强调表达的内容，希望通过话语影响或者说服孩子，以使孩子能够按自己的思想或意愿行事，但忽视孩子的感受，缺乏与孩子的互动，不知依据孩子的反应和反馈来及时调整自己的表达，这实际是一种无效的对话，只能造成沟通的失败。那么，怎样说话才能做到有效沟通呢？首先双方的沟通须是建立在理解和尊重基础上的：如果家长居高临下，孩子毫无话语权，则无法形成有效沟通；其次，先听再说：在达成有效沟通上，往往倾听比说话更重要，家长常常犯先入为主的错误，想当然地判断孩子行为的原因，这何谈沟通呢？

亲子沟通是一门需要学习的艺术。那么，家长在跟孩子沟通时，应该运用什么样的策略呢？面对孩子的种种不合作行为、逆反心理，家长应该用怎样的语言说，孩子才能听得进去？

本套书分《有效教养的力量》《有效语言的力量》两册，皆是为了解决家长在家庭教育中的种种困惑和难题而作，其中《有效语言的力量》从学霸的实际成长经历出发，为我们揭秘了家庭教育中父母有效的语言对孩子健康成长所发挥的巨大力量。

本书特别邀请了来自清华大学和北京大学的数十位学子为大家讲述"学霸"家庭的亲子沟通"秘诀",他们以"成长手记"的形式分别从"孩子独立人格的养成""如何与孩子达成共识""拒绝冷暴力""青春期叛逆的应对""自由与目标"等18个亲子沟通的热点、焦点问题出发,客观展现学霸父母的语言教育细节,从中我们既可以借鉴学霸家庭语言教育的经验,还可以学习到科学有效的沟通方法和技巧。

此外,本书还特别邀请心理学曹阅微博士为每一篇手记从心理学、教育学的专业角度,对各个教育问题做了专业的深度分析和点评,让我们的家长和孩子"知其然,更知其所以然",并得以触类旁通。

愿我们的家长在教育孩子的路上,不但可以收获成功的喜悦,还可以收获陪伴成长的幸福。愿我们的孩子在学习和成长的旅程中,以来自家庭的温暖和支持作稳固后盾,一路乘风破浪,高歌远航,顺利达成自己的目标!

闻道清北

目录

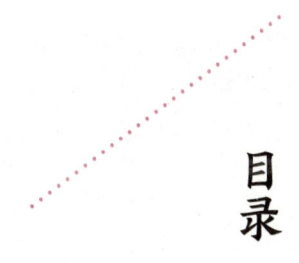

序　言

第 19 篇手记

孩子撒谎，别直接揭穿 ················· 001

父母要着眼于问题本身而不是说谎这件事。

第 20 篇手记

你跟孩子怎么说话，决定着他会变成什么人 ········· 011

正面的赞扬或负面的批评，都会对孩子的情绪产生影响，不仅如此，还会影响到孩子的人生格局。

第 21 篇手记

玩学不二思维：孩子只想玩不想学习怎么办 ········· 021

理解、沟通和榜样作用是解决孩子厌学的正途。

第 22 篇手记

学会用最理智的语言，化解退学风波 ·················· 031

亲子之间，言语沟通和换位思考至关重要。

第 23 篇手记

孩子遇到困难就放弃，家长试试这样沟通 ············ 041

父母在孩子开始做某件事情之前，应该提醒孩子坚持和挫折的意义。

第 24 篇手记

正面管教，孩子才会识错、知错、改错 ·················· 051

像对待成年人一样对待孩子，给孩子创造改正错误的机会。

第 25 篇手记

孩子有独立人格，别想掌控孩子的一切 ·················· 059

家长不要将孩子当做自己的"附属品"，平等和尊重是家庭教育的基础。

第 26 篇手记

拉波波特法则：怎么才能和孩子达成有效共识 ············ 069

接纳并理解孩子，是达成有效沟通的关键一步。

第 27 篇手记

拒绝冷暴力：如何打破父母与孩子之间的坚冰 ·················· 079

孩子不表达情绪，家长要如何引导。

第 28 篇手记

关于友谊的建议一定要告诉孩子 ·························· 089

父母对孩子个性化的引导与建议至关重要。

第 29 篇手记

如何教会孩子与人合作 ································· 097

故事教育法和有效的沟通能够让孩子愿意与他人合作。

第 30 篇手记

不吼不叫，有些叛逆需要冷处理 ·························· 107

孩子叛逆，杜绝唠叨不停，给彼此冷静的空间，自然而然会化解矛盾。

第 31 篇手记

父母如何与孩子谈青春期的秘密 ·························· 117

孩子面对青春期身体上、心理上的变化会感到无助，这个时候，父母的关注与正确引导能帮孩子化解无助与羞怯。

第 32 篇手记

孩子需要话语权,家长需要沉默权 ················· 127

尊重孩子的独立和自我表达意识。

第 33 篇手记

高情商的家长这样处理亲子分歧 ················· 135

适当给孩子自由、相对宽松的管教方法对处理分歧十分有效。

第 34 篇手记

赞美过程能让孩子实现自我认同 ················· 145

父母要学会赞美,赞美是一门学问。

第 35 篇手记

孩子要自由,父母要讲目标 ····················· 153

规矩意识,有目标才会更自由,规矩之内才自由。

第 36 篇手记

成长需要来自父母宠溺地语言鼓励 ··············· 161

语言鼓励能够帮助孩子建立学习兴趣与克服困难的自信。

第19篇
手记

> 孩子撒谎，
> 别直接揭穿

父母要着眼于问题本身而不是说谎这件事。

> 孩子说谎是让很多家长头疼的事情，有些家长直接就给孩子贴上了"谎话精"的标签，认为孩子已经无药可救了，还有更多的家长会非常痛恨地毫不留情地揭穿孩子的谎言，强迫孩子面对自己的错误，并要求做出某种承诺。殊不知此时在孩子的眼里，愤怒、焦躁的家长周身所散发出的低气压，可能并不会让孩子产生悔意，而是更加小心翼翼地盘算下次编织的谎话怎么才能更好地不被父母发现。
>
> 其实，在孩子与父母对抗时，为了显得自己强势而故意说出的一些违心之言，比如"我讨厌你"或者"我不需要你"等，家长们不必觉得受到伤害。反倒是针对一些原则性的问题的谎话，我们要引起重视。
>
> 作为家长，我们要想知道如何正确处理孩子撒谎的问题，首先应该清楚孩子为什么撒谎。只有认清事物的本质，我们才能抓住根本，把孩子说谎的问题彻底解决。其次，家长也要本着"针对问题本身，而不是沟通方式"的原则处理孩子说谎的情况。孩子说谎必定事出有因，而说谎这件事只是孩子想要避免和家长进行真诚沟通而已，若是我们只重视说谎行为，而忽略了问题本身，其实是本末倒置的。

学霸成长手记

张圳　高考总分：**692**
毕业于河北省衡水第一中学
现就读于清华大学经济管理学院

关于孩子说谎的话题，我想分享三段我本人的经历，这三段经历分别是我在不同年龄段说谎的情况，原因也各不相同，现在回头去看，我认为我父母的一些处理方式和沟通技巧还是比较妥当的，以至于到现在我仍记得他们的教导。

第一件事是在一二年级的时候，我蓦然从幼儿园宽松的环境进入相对紧张的小学环境，所以很不适应，最明显的表现就是写作业。刚开始时，老师留了作业，我还都规规矩矩地写，但是因为写字慢，再加上总不能专注，磨蹭到很晚就成了常事。原来喜欢的看动画片和玩耍时间都被压缩了，我也经常变得心情不爽。这样过了半年后，和同学、老师都渐渐熟悉起来，我发现有的同学虽没有完成作业，但是也并未受到老师严厉的惩罚，所以就对自己放松了起来，<u>甚至有的时候不想写了就骗爸爸妈妈说老师没有留作业，偶尔的一两次没有被发现，我竟然像是找到了通往新世纪大门的钥匙，后来就经常故伎重施，逃避学习。</u>甚至每每和同学们交流起心得来，还洋洋得意。

但纸终究是包不住火的。那次，**我们好友三人组都没有交上作业，老师直接请我们三个的家长去学校"喝茶"了。**当然，这是我们后来才知道的，当时我们一无所知，还在为又一次逃过了老师的责难和爸妈的检查而沾沾自喜。

那天已经是周五了，放学路上，我们三个提前约定了周末的游玩计划，然后就各自高高兴兴地回家了。到了家里，我的爸妈看起

心理学博士指导小记
　　从发展心理学的视角来看，说谎行为恰恰是儿童认知发展的标志。幼儿不能很好地分辨幻想与现实的界限，因此不需要过于强硬地纠正。

来也很平静，还是老样子问："周末有作业吗？"我张口就来："没有，老师说要给我们减负呢！"爸爸说："那就好，可以放松地玩两天。"妈妈却接口说："我怎么听东东说有很多作业呢？"我心里一惊，东东是我们楼上邻居的孩子，和我同年级不同班。好在妈妈马上又说："估计他们老师要求严格吧！""不过，你们总不留作业，你在学校的知识都掌握了吗？马上就要期中考试了，待会儿让爸爸检查检查你的学习成果吧。"后面，就是爸爸上场了，结果也是可想而知的——我被"烤"得"外焦里嫩"。

当然，我还是没有意识到爸爸妈妈已经发现了我说谎，我只是认为这是他们心血来潮地一次突击检查。第二天，好朋友接连打来电话，因为各种原因推迟了我们原本的游戏计划。鉴于我的表现，爸妈认为，既然朋友们都不出去玩了，那我要不也在家好好反省并补一补自己的学习漏洞吧。我自觉一个人玩也无趣，只能兴致淡淡地看看书了。

到了周日，朋友们被放出来了，游戏计划终于成行。当凑到一起时，我听到了两个和我完全不同的版本：我的两个朋友无一例外地都被他们的爸爸妈妈一通狠批，甚至一个还被踢了一脚。我不禁咋舌，这才知道，原来爸爸妈妈早就发现了我的秘密，只是没有揭穿而已啊。我羞愧万分，等到回家时都还忐忑不安，爸爸妈妈却还如往常。

> 学霸说
>
> 父母不急不躁，没有直接揭穿我的谎言，只是用一次简单的突击检查，让我意识到不写作业只会使知识漏洞不断增大。

②有效语言的力量　　005

> 心理学博士指导小记
> 关键词：「安心」孩子时常是出于自保目的而撒谎，当孩子感到安全感满满的时候，就没有必要向父母撒谎了。

从这之后，我可不敢马虎了，有作业主动做，有问题主动交代。过了一段时间后，我小心地问起老师请家长的事，爸爸妈妈却说："我们当然知道你说谎了，但是想想，直接揭穿你，你肯定会觉得更丢脸，而且揭穿你又怎样呢，已经发生的事过去了就过去了，生活又不能倒带，关键是以后。爸爸妈妈可能是以前太疏忽你了，也没怎么关心过你的学习，我们不强制你的作业，但是学习我们肯定要开始抓了，我们不在乎你的成绩，但希望你能自己对自己负责。"原来，他们一直支持的是我，而不是我的成绩。<u>这些话，至今我都非常感动，我完全没必要为了不好的成绩和没有完成的作业向父母撒谎，这种认知让我很安心，也成为我以后学习路上最大的动力。</u>

第二段经历发生在我八年级的时候，男孩子的叛逆期大多集中于这个阶段，很多人会做出那个年龄段的孩子认为的"很酷"的事情，我当然也不例外。**记得有一次在学校和一位同学起了争执**，然后两个人就打起来了，虽然只是有点轻微的擦碰，但是我没敢和父母说这件事。细心的妈妈还是发现了我身上的伤，**我撒谎说是摔的**，妈妈看起来有些不信，好在并没有一直追问，只是静静地帮我擦伤的胳膊消毒、涂药。

晚上，**我偶然间听到妈妈在电话里礼貌地在向人道歉，关心询问对方情况**。原来，妈妈已经找班主任了解了情况，还要了对方父母的电话。我心里愧疚极了，一连几天，见到妈妈都不太好意思抬头。妈妈见我一直躲闪，这天终于把我叫过来问："现在，能告诉妈妈发生了什么事吗？"我这才心里踏实下来，不再纠结，把事情的前因后果老实地交代了一番，心想，这回是躲不过一场教训了。

谁知，妈妈并没有揪着我打架的事不放，只是问我："你现在打算怎么处理这事儿呢？""怎么处理？这事儿不已经处理完了？你都已经打电话给他们道歉了，还要怎么处理？"我有点不太明白了。"事是自己惹的，责任就应该自己承担。""我道歉是我的事，但做这件事的是你。""不论打架是谁的责任，但最起码应该关心一下别人。对方有没有受伤，伤得怎么样，需不需赔偿，是不是都应该了解一下呀？"妈妈的一番话，让我骤然清醒。是啊，靠父母出面解

> **学霸说**
> 　　妈妈用言行告诉我，撒谎行为并不是重点，敢于承认事实、解决问题、承担责任才是重点。

决问题，帮我承担后果，是多么的懦弱；妈妈的一番话也让我明白，自己的行为是多么没有意义，不管是与同学打架，还是对妈妈说谎，完全是没有必要的事情。

初中的我当然明白妈妈是怕我难堪，所以一开始并没有直接揭穿，但是她也不会对我的行为置之不理，她给我冷静的时间，让我认识到自己的错误。自此以后，我在做任何事情之前，都不再冲动地决定，而是先想想自己做这件事有什么价值，我将为自己的行为承担什么样的结果，如果有一时不能决断的事情，我也会问问父母的意见，而不是说谎隐瞒，害怕惩罚。

第三件事则是发生在衡中上学期间。有一次，**我的考试成绩很糟糕**，心里非常烦躁，甚至有种学不下去的感觉。我所在的衡中是寄宿制学校，平时和父母沟通只能用电话，为了避免他们太担心我，

心理学博士指导小记

面对孩子的说谎行为，妈妈既不能纵容，这会导致变本加厉，也不能惩罚过度，这会导致孩子逃避责任，甚至不再信任父母。

我常常是报喜不报忧。但放假时，我就无法再逃避，自己的状态在父母面前一览无余。

妈妈看出了我消沉，她问了问我的情况，我含含糊糊地说了一些无关痛痒的事，**妈妈见我不想说，就不再追问**，只是告诉我："如果你愿意跟我讲的时候，妈妈随时在；如果不愿意和妈妈讲，也可以和朋友们聊聊，不要烦心事都闷在自己心里。""看你心情不好，妈妈也很担心，但你已经是大孩子了，有些事妈妈觉得你能够自己处理，可以不和妈妈说，但是自己要诚实，诚实地面对自己的感受，诚实地面对困难，诚实地解决困难。""**逃避和自我欺骗都没有用**。""有情绪就发泄出来，不用隐藏。"现在回想起来，其实这是一个人成长必须经历的阶段，我们感受到自己不再是一个孩童，我们的生活与父母产生了割裂，但是我们需要明白，他们对我们的爱不会变。

说谎，本质就是孩子在和父母沟通时产生隐瞒信息的倾向，当家长们面对孩子说谎时，任何的争执都没有意义，让孩子意识到错误这才是重点。家长不用太过于强调孩子说谎这件事，不直接揭穿是给孩子最大的体面，孩子自觉自查其实比父母的说教来得更有效。

> 心理学博士指导小记
> 家长要首先弄清楚谎言背后的缘由，不同理由、不同程度的说谎行为应当区别对待，通过理性沟通和适当的奖惩，避免说谎行为增加。

② 有效语言的力量　　009

★ **有效语言词典** ★

　　心智理论是一种能够理解自己以及他人心理状态的能力。对于儿童，说谎行为意味着心智理论的提升。因为说谎的前提是掩盖自己的行为，把握对方的心理，把握谎言会对此产生怎样的效果。自闭症儿童则由于心智理论发育不完善，不擅长掩饰自己的谎言，也很难理解说谎者的意图。

第20篇 手记

你跟孩子怎么说话，决定着他会变成什么人

正面的赞扬或负面的批评，都会对孩子的情绪产生影响，不仅如此，还会影响到孩子的人生格局。

> 语言虐待也是一种暴力。现实当中，我们很多家长在对孩子教育的过程中，明明可以平和陈述，却总是责备反问，明明是满腔关心，说出来的话却尖酸刻薄。不好好说话，在许多家庭的日常生活中反复上演。心理学家说，相比身体可见的虐待，语言虐待是无形的，它不容易引起注意，没有明显的证据，然而它造成的伤害可能比身体虐待更加严重而持久。
>
> 据相关实验证明：当人在遭受语言暴力时，人的神经系统会体验到与身体系统几乎相同级别的疼痛，人的情绪也会受到很大伤害。也就是说，我们家长对孩子或是正话反说的教导，或是暗讽挖苦的揶揄，或是习惯性的打击和否定……都将变成挥向孩子身体上的一条条鞭子，让孩子幼小的心灵伤痕累累。
>
> 在这种"不好好说话"的沟通环境中，孩子受自身表达能力和自我独立能力仍不成熟所限制，没有任何反抗的能力，那么，当他长大成人后，就会有更多的负面情绪积累，就可能出现更强的叛逆性。
>
> 那么，面对孩子，父母是用积极正面的心态和语言去引导，还是用消极负面的心态和语言去对待呢？

学霸成长手记

都心仪　高考总分：703
毕业于河北省衡水第一中学
现就读于清华大学经济管理学院

谁的青春不迷茫，谁的青春不叛逆？我的青春期的叛逆就充分体现在与母亲的积极对抗上。

回忆小时候，"妈妈"这个词虽然亲切，但总有几分"威严"在里面。印象中，妈妈总是忙忙碌碌，除了上班，还在操持着一家的吃穿及所有家务。妈妈那里，我没有感受过像电视剧中看到的那样撒娇卖萌的温馨场面。妈妈总是端庄而持重的，大概是她想在我面前刻意保持一种权威吧，对她来说，营造这样的形象可能比较利于孩子的管教。爸爸大多数时候都是忙于工作的，偶尔的休息时间，能给到我的关心和关怀也都放到了学习上。

小时候的我，与父母相处整体是融洽的，即便有一些不满，也都被无声地掩藏了。随着年龄的增加，对父母的不满，尤其是妈妈，我越来越不能容忍。妈妈言语中那些夹枪带棒的字词和语气让我越来越觉得刺耳难听，越来越受伤烦躁。

"干啥都不行，还是我来吧！"这是在我对家务活表现出了一定的兴趣之后，妈妈的评价。看，她就是这样，从不给我尝试的机会，便想当然、没理由地给我贴上一些标签，很多情况下，**我会在心里暗暗顶嘴，但是表面却不能显露出来，这总是让我委屈又窝火。**

又一次，妈妈说要蒸馒头，我想试试，妈妈直接拒绝道："学这个干吗？还是去写你的作业吧！"

"作业已经写完了，你以前不是说让我学做家务吗？"

我软磨硬泡着，妈妈终于同意了。学着妈妈的样子，我开始往面粉中加水，但一不小心水加多了，我又学着妈妈的样子加面粉，反复两次，小面团就变成了大面团，软硬度也并不合适，旁边的妈妈看不下去了，很不耐烦地说："起来吧！像你这么个做法，面多了加水，水多了加面，一整袋面粉也不够用。让开让开，什么都干不好，还是我来吧！"

一边说着，一边还用胳膊把我支到一边。我本来就因为不得法的揉面有点郁闷，被妈妈一说更是烦躁不甘，但

心理学博士指导小记

家长言语中反复否定、伤害孩子，会导致孩子形成习得性无助，认为努力是无望的，甘愿放弃尝试，随波逐流。

奈何妈妈已经接手了，我只好放弃，甚至想，以后即便妈妈让我帮忙，我也不会帮忙了。

好在，孩子的兴致总是去得快，来得也快。又一次，天很晚了，爸爸妈妈还没下班，想着他们回来肯定又累又饿，我打算给他们先做一盘肉炒四季豆，还满怀热情地来了点创新——在炒菜时添加了一个西红柿，这样肯定别有风味。**创意菜做出来了**，我亲自品尝了一下，果然与平时吃到的味道不同，我心里美滋滋的，**满怀期待能得到爸爸和妈妈的夸赞**。

端上菜来，我眼巴巴地看着他们，期待着评价，可是，从他们疑惑的表情上，我读到了失望。我本来兴奋的心情立即跌落谷底，像极了一只泄了气的皮球。

<u>爸爸努力表现出一副认可的样子</u>，但妈妈终于是没忍住："以后啊，还是我做吧！你瞅瞅，这好好的菜让你炒成什么味了！"

妈妈的这套说辞，直接把我干家务的热情给浇灭了。从那以后，我对家务产生了深深地排斥，严格地说，可能更多的是自卑吧——我感觉自己就不是这块料，就像妈妈说的"干啥啥不行"。其它方面也是，我也总是感觉自己没法做好，就像老师安排我做某件事，本来我非常高兴老师对我的肯定，但做事时，我总是会想，万一干不好怎么办，不知不觉变得畏首畏尾，总感觉自己笨手笨脚，唯恐

> **学霸说**
> 特别感谢爸爸用善意的"谎言"竭力维护我的自尊心和自信心。

② 有效语言的力量　　015

做不好，会引来嘲笑和批评。

　　站在现在分析这段心路历程，其实，**每个孩子都不是天生懒惰或天生勤奋，关键在于父母是正向引导还是反向打击**。每个孩子都是在犯错中成长的，父母要容许孩子犯错，给予孩子改错的机会。

　　当初，我对家务充满了好奇心和积极性，父母如果能恰当给予鼓励和指导，而不是否定和质疑，我想，长大后的我一定是个勤快的孩子，一个敢于尝试不怕犯错的孩子，但是妈妈一句话"不行，干不了"，却带给了我无尽的阴影，导致我很长一段时间，无论做何种尝试之前都会首先担心自己做不好，往往需要进行大量的心理建设才敢去做一件事。

　　妈妈经常爱说的一句话就是"你看谁谁怎样怎样，你看你……"每次听到，我都会很受伤。

心理学博士指导小记

　　总是被与其他人做比较，长期处于被贬低、被轻视的境遇，还可能导致其他的心理问题。长此以往，孩子真的会按照负面期待与家长进行互动，越来越变成家长口中那个样样不如人的"差孩子"。

升到初中后,大概妈妈也觉得我长大了,邻居家同龄孩子帮助家长做家务的事迹让妈妈十分羡慕,言语间就表现出了对我懒惰、不做家务的批评来。

有一年寒假,妈妈在拖地,我手里捧着一本小说看得津津有味,妈妈忍不住唠叨起来了:"你看谁谁谁多懂事啊,每次回家都帮着做家务,你呢,有人家十分之一我就烧香了!一屋不扫,何以扫天下,就你还想干这干那,算了吧……"

又是这一套论调。"你要觉得人家好,就让她叫你妈妈好了!"我情绪瞬间失控,那时候不让干家务的是你,现在抱怨的也是你,作为妈妈就可以这样不考虑孩子感受吗?我怒气冲冲地跑出去,留下妈妈愣在原地。

很长一段时间,我和妈妈僵持着,爸爸看出了我强烈的抵触心,**每逢妈妈忍不住要拿别的孩子怎样来劝导我的时候,爸爸都会出言阻止:"咱不管别人的孩子,也不跟别人比,自己跟自己比!"** 妈妈逐渐也领会到爸爸的意思,以后的语气也渐渐少了些强硬,还会时不时笑着附和:"对!在你的眼里,就没有哪个孩子能比得上你家闺女!""那是!"这些话让我觉得备受鼓舞。每当我有了一点成绩,爸爸也总是不遗余力地夸赞我:"功夫不负有心人,你的努力终于有了回报,你就是那个有心人啊,爸爸真替你开心。"

> **学霸说**
> 相比于妈妈的否定,爸爸明智地引导我和自己比,更能让我感受到鼓舞,而且每当我有所进步,他的正面激励会让我充满前进的动力。

② 有效语言的力量

> **心理学博士指导小记**
>
> 家长要更多地从正面引导,而不是从反面进行打压,用肯定的方式表示期许,不要用否定给孩子设限。

现在想来,那时候之所以特别反感妈妈把我跟别的孩子比来比去,是因为我觉得自己是独一无二的,我有我的优势和长处,可妈妈怎么就看不到呢?为什么要拿我的短处跟别人的长处比?当然,按照现在的认知,父母这么做的本意大概率是希望我以对方为榜样,学习他人的长处,督促自己的孩子上进。所谓"见贤思齐,见不贤而内省",她也并不是真心觉得别人比我好,望子成龙心切罢了。

但当时,由于心性上的不成熟,我理解不到那个层次。我当时唯一的心理感受就是,一定是我不够好,才使得妈妈觉得别人的孩子好。好在我的身边还有爸爸,爸爸总是在妈妈的冷嘲热讽中为我开辟一块安全的土地,帮我慢慢疗愈。

和同学间的日常交流中,我也发现,这种拿别人的孩子跟自己的孩子对比的做法似乎很普遍。<u>父母的本意都是希望孩子变得更优秀,可是,如果父母能直接说出自己的期待和要求,难道不比跟别的孩子进行比较更有效果吗?</u>

家,对我们来说是心底最温暖的所在。一个具有良好氛围的家庭环境,将是孩子疲惫时的加油站,是孩子受伤时的疗愈室。然而,家庭成员间有意或无意的"语言虐待"经常隐性地威胁、影响着良好家庭氛围的构建。我们经常听到父母与孩子互相抱怨。殊不知,"别人家的孩子"让人羡慕的同时,他通常会有一个让人羡慕的父母。多肯定，想让孩子怎么做，正面表达；少用反问句，多用肯定句和陈述句，孩子才会朝着父母期望的方向去走。父母的话，可以毁掉一个孩子，也可以成就一个孩子。有格局的父母应该用平和的态度对待自己的孩子，帮孩子打造开朗乐观、积极上进的心态。

虽然，爱之深，责之切。但，即便是"责"，家长也要有策略地"责"，积极正向地去"责"。孩子的成长特点决定了在他年少时，还并不能完全理解父母否定、反问、指责、埋怨和比较语气中所包含的复杂心情，所以用充满爱的语言去引导，才能让孩子的潜力不断发挥；用鼓励的语言去激发，才能让孩子勇敢尝试。你跟孩子怎么说话，决定着他会变成什么人。

学霸说

不得不说我的爸爸是一位有格局的父亲，正是爸爸的鼓励和平和引导，使得我的心态变得乐观。以后，我也会用他的这种教育方式去引导我的孩子。

★ 有效语言词典 ★

习得性无助，是指一个人遭受了挫折后，面对问题时会感觉无能为力或采取消极的行为。在实验中，狗在笼子中反复经受电击，多次重复后，即使笼门敞开，也不再逃跑，甚至会在电击来临前就倒地抽搐、痛苦呻吟。表现在人的身上，就是在经历反复失败后，将无助感过度地泛化到其他的情境，即使能做到的事情也认为自己做不到。

第21篇 手记

玩学不二思维：孩子只想玩不想学习怎么办

理解、沟通和榜样作用是解决孩子厌学的正途。

> 爱玩、好动、好奇往往是孩子的天性，所以有些孩子学习的过程中很难专注、很难投入，总是边学边玩，或者只玩不学。
>
> 作为孩子学习的引导人和监督者，家长当然不能任由孩子放松、放纵，这时候，我们通常会站出来进行提醒、指正一番。但是，家长如果不加顾忌，随意地对孩子进行批评，孩子则会逆反心更强，甚至会不加思考地抗拒学习，好像是在与父母赌气，也好像是在逃避。这样只能更增加沟通障碍，加深隔阂。
>
> 家长比孩子年纪更大、阅历更丰富，所以，也更应该理性对待孩子。家长要理解孩子爱玩的天性，但也要思考孩子是单纯地想放松一下而玩，还是为了逃避而玩，为什么孩子就抵制不住诱惑，为什么不愿意主动学习？家长更应该思考如何与孩子沟通这件事，如何指导孩子改正这些不好的习惯，如何以身作则来影响孩子？

学霸成长手记

李歆怡 高考总分：**687**
毕业于贵州省贵阳市观山湖一中
现就读于清华大学法学院

  常常会有这样的事情发生，孩子与家长发生矛盾，处于情绪的高点时，孩子脱口一句"你一点儿都不理解我，不跟你说了"，然后摔门而去。"交流"以争吵结束，既没有帮孩子解决问题、排解焦虑，也让家长寒心和难过。久而久之，孩子与家长之间就会形成一层隔阂，孩子天然认为爸爸妈妈不会理解自己，无论是开心、伤心的事，还是内心的困惑、焦虑，都不愿意跟家长分享，时间长了，家长就真的不了解也不理解孩子了……

  记得在高三的时候，每天都会有写不完的作业，改不完的试卷和背不完的知识点……哪怕课间，大家也不怎么出去活动，全在伏

> 心理学博士指导小记
>
> 报复性放松是一种消极的补偿，对于有较大的学习压力的孩子，错误的放松方式并不能做到有效的放松。

案复习，或者老师无缝衔接，根本没有课间可言。**这种高压的学习生活环境使我非常焦虑**，哪怕成绩上一个小小的波动，或者老师一句不经意的批评，都会让我情绪非常低落。然而，在模拟考试高度密集的备考期间，根本就没有情绪释放的时间，所以，我有时会突然情绪崩溃，没有什么原因，只是焦虑的积攒。

周末假期只有一天半的时候，我在家只会待半天，<u>有一次，我完全不想学习，只是刷手机、看电视，虽然这种"放松"让人更加疲惫，但我就是停不下来。</u>我记得很清楚，**妈妈没有指责我**"怎么老是玩手机，你看看别的孩子，都在学习，你这样不就被别人落下了吗"，**她反而主动过来陪着我**，说："闺女，这两星期累坏了吧，咱俩一块看个电影去？美食街上刚开了一个火锅店，你陪我尝尝去，我最近可馋了！"

我有些吃惊，也有些愧疚自暴自弃不学习的想法，所以有些迟疑，妈妈拉着我就往外走，"走吧！走吧！"电影院中，我随着剧情或哭或笑，感觉自身的压力也在一点一点消失；吃火锅的时候，我跟妈妈畅谈自己在学校中的趣事、苦恼和焦虑，**妈妈或附和、或开导、或安慰、或鼓励**，我的心情也变得舒畅起来。

理解，是心与心的沟通；理解，能够天然地拉近两个人的距离。虽然每个人都是一个独立的个体，但是因为理解，人与人便可以构建起联系，生发出情感。我特别感激妈妈，能理解我的心情，正是她的理解让我愿意放下防备，愿意打开心门。

"这有什么的，谁还没失败过呢！你妈妈我上学的时候，比你考得离谱多了，哈哈哈，有点焦虑是正常的。"

妈妈以一种轻松的语气成功让我放下了恐惧。我意识到：原来考不好，妈妈是不会责备我的。其实，学习成绩还不错的我，在很多情况下，是有自己给自己压力以及主动自觉学习的认知的。但我也会不受控制地恐惧失败，有时候停不下来地"玩手机"，我不是不知道这是一种错误的放松，但实在是苦于找不到一个好的出口能排解自己的压力。妈妈没有只看表面，她看到了我"玩"的深层原因，所以才能对症下药。

在回家的时候，妈妈终于说出了她最想告诉我的话："闺女，妈妈知道你压力大，想玩会手机发泄一下。但是一直刷，你想想这不就是'报复性放松'吗？而且这种'放松'是不是会让你更累？要是考不好，没准想到刷手机的事儿还会自责，所以呀，咱们可以换换放松方式。要是压力大了就跟妈妈讲，妈妈带你出去玩，学的时候好好学，玩的时候痛快玩，放心吧，妈妈永远支持你！"当时，我热泪盈眶着使劲点头，那个周末我的学习效率也特别高。

> **心理学博士指导小记**
>
> 案例中的家长面对孩子的学习压力，处理方式可圈可点：首先是承认学习压力的存在，理解孩子的心理状态；其次是点出玩手机的内在心理因素，并不是孩子贪玩，而是因为学习带来了巨大疲倦感和为目标奋斗过程中暂时的松懈，但是这会造成更大的负疚感；最后提出替代性的解决方案：学习的时候潜心学，玩的时候痛快玩。

② 有效语言的力量　　025

在一段亲密关系中,"不理解"是很生硬也很有破坏力的字眼,它对各方都可以造成极大的伤害。有些父母真正的懂自己的孩子吗?真的愿意尊重并满足孩子内心的需求吗?他们只会要求孩子"别玩了,快学习";哪怕是玩,他们也希望孩子是在自己认为好的方式中选择玩的内容。当然,我的妈妈也知道玩手机对我不好,但好在她从不会简单粗暴地没收我的手机。她会用一种我能接受的方式提醒我什么才是正确的行为。所以,**抛开成人的思考,站在孩子的立场上,好好想想孩子需要的是什么**,自然也就能够理解孩子为什么只想玩而不想学习了。

沟通是交换想法的途径,交流才能了解,了解才能深入。孩子与家长之间增进沟通,可以使家长更了解孩子,也能让孩子更体会到家长的爱。沟通还是协商的重要方法,因为沟通意味着平等和尊重,如果孩子有一些问题,但是家长是以居高临下的态度要求孩子改正的话,容易激起孩子的逆反心理,不如与孩子协商,一起分析这样做对不对,帮孩子完善自己的价值观和是非观,还能促进亲子关系。

在初中的时候,**我有些叛逆心理**,变得不愿意跟父母交流我的心思,我经常沉浸在虚拟的网络游戏里,忽视了现实生活的种种联系,在写作业的时候,都要戴上耳机听音乐,妈妈很敏锐地注意到了我的变化,但她却不动声色。

一次考试后,我的成绩一落千丈。开完家长会那天晚上,**妈妈约我出去遛弯**,"走吧,出去遛遛食吧,今天吃多了。"我戴上耳机,并排和她走在一起。

　　妈妈没有谈我的成绩，而是说："诶，这个暑假想去哪旅游啊？"**听到旅游，我激动地摘下耳机**，急切地说："去西藏吧！我想去西藏！"妈妈附和我说："好主意啊，闺女！那我好好工作，把事儿提前赶一赶，留出空余时间，你也好好学习哟！"我高兴地点头答应。妈妈又问我："你最近听什么歌呢？"我完全把学习的事儿、考试的事儿抛之脑后，跟妈妈说起了我最近都干了什么，"其实也挺无聊的，没什么好玩的……我最近还很难专心，哎。"妈妈开始教诲我·"<u>那这样吧，以后你玩游戏，妈妈监督你，给你看着时间，怎么样？写数学作业的时候，咱们不听歌了，要不然都把歌词写卷子上了，哈哈哈，放松的时候听听音乐，妈妈给你推荐几首，看你喜不喜欢？</u>""好啊！"我欢喜地答应。之后，我和妈妈和谐地维持着这个承诺，我的专注度变高了，成绩也慢慢回到了以前的水平，甚至更优秀了。

　　沟通需要技巧，家长在亲子关系中，应该承担更多主动的责任，在面对孩子的问题时，**不能因为情绪自乱阵脚，可以先用别的话题跟孩子沟通，等孩子达到一个乐意沟通的状态，再谈一下学习上的问题**，其实孩子们并没有那么抵触学习，也没有那么讨厌沟通。只要家长善于旁敲侧击和观察心理，就会和孩子沟通得越来越顺畅，亲子关

> 学霸说
> 妈妈用自然、亲近、有进有退的语言表达出自己的真实意图，并不让我反感。

② 有效语言的力量

系会朝良性方向发展。

正如罗·阿谢姆所说，一个榜样胜过书上20条教诲。榜样的力量比教训要大得多。优秀的父母会知道怎样保持自己在孩子心中的地位，小时候，我们总是崇拜父母，因为父母知道很多我们不知道的事情；随着我们的成长，父母的知识逐渐被我们追赶，我们甚至会觉得父母不理解自己，不再崇拜父母。父母当然可以保持一点点自己的"被崇拜"，但注意**不要站在专制的角度，与孩子共同进步、互相帮助才是互利的相处方式**。人会朝着自己向往的方向追赶，如果父母能做孩子的榜样，那么孩子会十分乐意与父母沟通，向父母学习，这种正向的影响更利于孩子的发展。

记得从小我就有一个粗心大意的毛病，很大程度上是由于我的不专注导致的。有一次数学考试，我因为粗心的错误白白丢了近30分，我终于意识到问题的严重性，便向妈妈求助："妈妈，我总是粗心，这可怎么办呀？"妈妈笑着说："是个粗心的小朋友啊！那你有看过自己错的题目吗，是没有真正掌握，还是走神之类的原因导致的呀？"我羞红了脸说："有的是计算错误，有的是上课老师讲的知识点，我走神了没听懂，下课也不好意思问。"妈妈说："看来是专注力不够啊，那这样吧，我们先来提高专注力！"

那个周末，我在写作业的时候，妈妈在一旁读书和办公。<u>写了没两个字，我就玩起了橡皮，突然想起来还在写作业，我偷偷地瞄了一眼妈妈，她正在认真读书，根本没注意到我在看她，我赶紧回到学习状态</u>。整个过程，妈妈都没有关注过我，哪怕我咳嗽或者打哈欠，妈妈一直在安静地工作，我为自己的走神感到羞愧，并且对妈妈暗暗佩服。逐渐，我爱上了专注的状态，因为我不仅可以高效地完成作业，而且有了更多自由的时间。

长大后，我问起妈妈，"为什么你可以那么专注呀？"妈妈说道："其实我也会走神，但是为了帮你改正，妈妈必须要求自己专注呢！结果妈妈专注度也提高了。"

父母做孩子的榜样，在行动中潜移默化地影响孩子，以一种熏陶的方式改变孩子；保持孩子对自己的崇拜，孩子向榜样看齐的同时也会对父母提出更高要求。最后，家长和孩子都会有进步。

在"孩子只想玩不想学习"这个问题上，家长首先要理解孩子为什么爱"玩"，然后以尊重和平等的态度与孩子主动沟通，并以榜样的身份影响孩子，问题自然会解决。

> **学霸说**
> 妈妈以身作则，用行动告诉我，学就学得踏实，玩就玩得痛快。

> ★**有效语言词典**★
>
> 补偿是心理防御机制的一种,是指通过其他事物弥补挫折带来的损失,这种补偿既包括内心体验也包括行为体验。补偿还可以细分为积极性补偿和消极性补偿,适当的补偿心理有益于身心发展,过度的补偿心理却会带来伤害。

第22篇 手记

学会用最理智的语言,化解退学风波

> 亲子之间,言语沟通和换位思考至关重要。

> 在很多孩子成长的过程中，都有过抵触学校、厌倦上学的阶段，甚至有的孩子会产生退学的念头，这让许多家长头疼不已。家长当然不希望这样的情况发生，毕竟没有一个良好的学历很难在以后有长足的发展，并且过早地走向社会也不利于孩子身心健康发展。
>
> 有些家长听到孩子有退学的念头，情绪会变得非常激动，甚至和孩子产生激烈的冲突。家长急切的心情可以理解，但这真的是一种好的处理方式吗？
>
> 作为家长，我们有没有想过孩子为什么宁可采取退学这种极端的方式，也不愿意去上学呢？我们也可以回想一下，在自己或者身边的同龄人成长的过程中，是否也出现过退学的想法？又是怎么化解的呢？
>
> 其实，孩子想退学背后的原因可能有多种，比如和同学相处产生了矛盾、学业上遇到了阻碍和困难、在家庭中没有得到恰当的帮助，等等。我们应该站在孩子的角度，设身处地去体会一下孩子的苦恼，而不是一味地斥责他们。
>
> 教育应该是充满智慧的。那么，家长应该如何运用智慧处理这种情况，化解退学风波呢？

学霸成长手记

白思雨　高考总分：652
毕业于陕西省西安高新第一中学
现就读于北京大学国际关系学院

当告别初中生活，踏入高中校园的时候，我是充满期待和憧憬的。然而，现实很快给我泼了一盆冷水。一进高一，要学习的课程难度相比初中上升了很多，特别是物理、化学等学科，上课时我总是听得云里雾里，下课后面对着作业中的题目一筹莫展。在初中的学校里，我的学习也是名列前茅的，但是进入高中之后，学校里云集了各所初中的优秀学生，很多同学已经提前预习了高中的内容，在全新的环境中，他们似乎全然不觉陌生，学习、生活都如鱼得水，而在新的学校里，没有了以往熟悉的老师和同学，对于我这个相对比较内向的人来说，一时间总是独来独往，有了心事也没有人可以

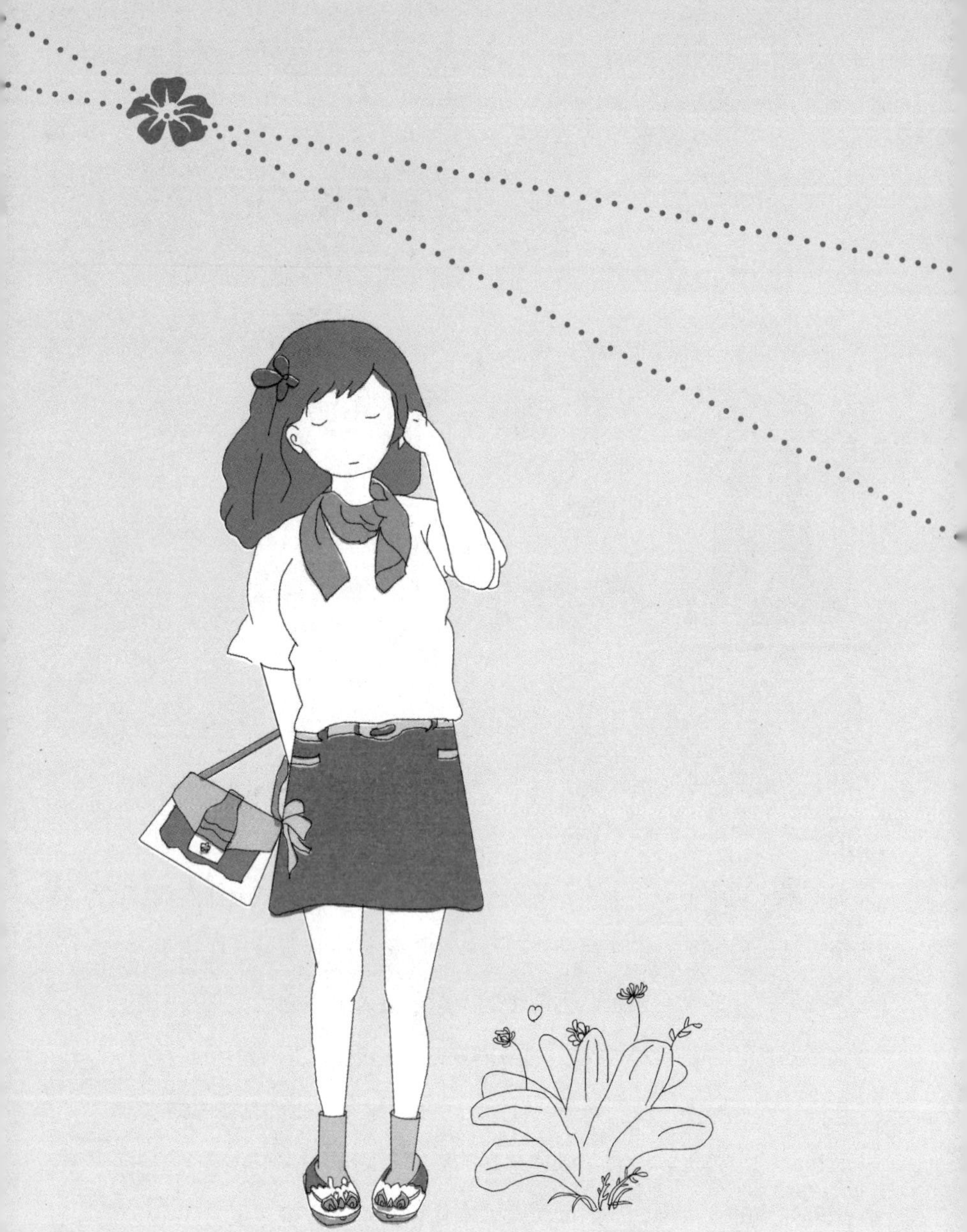

诉说，这让我感觉到非常压抑和焦虑。

这样的生活持续了一个月，我的情绪也终于在月考后达到了崩溃的边缘。**看着试卷上满篇的错号**，鲜红的分数刺痛了我的双眼，也刺痛了我脆弱的自尊心。我不断地问自己："为什么别的同学都可以做好，我就做不好呢？""我是不是本来就不适合学习？""要不要就这样放弃算了？"说实话，这样的念头出来，我自己也被吓了一跳。但是，这个想法一旦出现就像一个梦魇，总是会时不时跳出来纠缠我的心境——我越想越觉得退学才是正途，**退学才能让我解脱这种不断否定自己的状态**。我感觉在学校的每一天，心情都很差，上课的时候因为跟不上节奏总是非常痛苦，下课之后因为没有好朋友一起玩而低落。我想，干脆就退学吧，"英雄不问出处"，俗话不都是这么说吗？既然我不适合学习，那肯定有更适合我做的事情，或许早点放弃，也能更早地去发现自己擅长的领域。

但我清楚，**爸爸妈妈是不可能同意我退学的**，他们甚至会觉得这个想法疯狂且危险。我也偷偷地在心里谋划着，如果他们激烈反对，那我就"硬碰硬"，干脆旷课不去上学，看他们能把我怎么办？现在回头看时，才发现，我当时的想法有多么错误、多么幼稚，但是那时的我，年龄小，思想也不成熟，再加上学校的压力太大，这种极端的念头不知怎么就盈满了我的心头。

> 心理学博士指导小记
>
> 负责理性与自控的前额叶发育较为缓慢，儿童和少年青期都在发育中，直至青年初期才能完全发育成熟。家长应当理解孩子的大脑结构处在发育的特殊阶段，加以温和与耐心的引导。

②有效语言的力量　　035

当把这种想法吐露给父母的时候,其实我的心里已经做好了迎接狂风暴雨的准备。果然,在我说了之后,妈妈的脸色一下变了,她尖声脱口而出:"你怎么——"。话还没说完,父亲伸出手摇了摇,阻止了妈妈。爸爸平静地看着我,说:"你是个大孩子,也有自己的思想啦,**爸爸相信,你做出这样的选择一定是有你自己的原因,一定也是经过深思熟虑了**。能和我们说说你是怎么想的吗?"我羞愧但坚定地点了点头。

这段时间在学校受到的压力,自己每天的挣扎,我一一跟他们倒了出来。我告诉爸妈,我已经失眠了很多个夜晚,我感觉自己的健康状况每况愈下,精神也即将崩溃。所以,我觉得退学对我来说,是一个更好的选择,因为我看不到坚持下去的意义在哪里,也看不到未来的希望。

整个谈话中,我能感觉到妈妈态度的不断变化,她从一开始的不解、生气,到眼神中出现理解、心疼,我的语气也渐渐由激昂变得柔软。爸爸倒是很理性,他说:"<u>看来你最近确实是辛苦。我和妈妈都没有关注到你的情绪变化,是我们疏忽了</u>!不过,爸爸一直觉得,你是一个很聪明的孩子,也相信你有学好这些功课的能力,你现在之所以在课业上这么挣扎,是已经试过所有的方法,觉得不能在任何地方提高了吗?"

说实话,这段时间,纠结在要不要退学的情绪中,我早就把追赶学业这事撂在了一边,听了爸爸的问题,我稍微有点愣神,我好好地回想了一下自己近来的表现,惭愧得有点无地自容了。爸爸大

> **学霸说**
> 爸爸会把我作为一个平等的个体看待，经常是先给予我肯定，再提出自己的意见。我感觉自己是被尊重和理解的。

概捕捉到了我的情绪波动，他继续说："会不会是没有掌握好正确的学习方法呢？高中总是和初中不同的，你的学习方法也要变一变的，不然肯定无法适应高中的快节奏啊。有些同学提前学了高中的知识，所以领先于你，这不是很正常吗，人家付出了总是要有回报的呀，但是你也不要有这么大的压力，高中还有三年的时间，到时候你们学到的知识是一样的，到时候谁强谁弱还说不定呢。"

的确，我很多地方存在问题，比如课前没有做好预习，上课的时候也经常走神，自习也总是各科书本拿拿放放，不能专心。其实，**我能改进的地方有很多，只是我早早地就放弃了上进的心而已**，我的痛苦，好像更多是和同学们比出来的。就像爸爸说的那样，人家付出了就应该有收获呀，我好像还总是停留在想象的层面上，总是抱怨但不行动，怎么能期望有更好的成绩呢？我的头更低了。

妈妈也趁热打铁跟着说:"是呀,是呀。我和你爸爸都是过来人,完全可以理解你的情绪。不怕你笑话,妈妈之前也有过这样的念头呢!不过,好在当时咬咬牙坚持下来了,你不知道,我当时有个最好的同学,他就没坚持住,退学打工去了。我前两年回老家还遇到过他,说起来,他满是后悔,因为学历有限,好的工作总是与他失之交臂,这么多年也没有什么大的发展。听着他的辛酸,我其实特别触动,说实话,当初如果不是我坚持读了书,现在我可能过着跟他一样的生活呢!"

我开始犹豫了,如果我现在这么轻易地放弃了学习,会不会和妈妈的同学是一样的结局?人生的路只有一次,谁都没有再重来的机会。待几十年之后,再回首往事,我难道也留下同样的悔恨吗?

心理学博士指导小记

　　家长的话语中,充满同理心,对孩子的境遇感同身受,认同与接纳孩子的负面情绪,并以自己为案例分享在相似情况下的经验和想法。家长要培养自己的这种"共情"能力,将心比心,与孩子进行沟通。

爸爸适时地提议："要不这样吧，退学这个想法咱们暂时先搁置起来，你再给自己一个机会，给自己一段时间，先调整调整心态，学校里也适当交交朋友，别有事总一个人心里闷着，有的时候，同学们多交流交流也可以让我们头脑更清晰，看问题更客观呢。"

最终，我接受了爸爸的建议，也希望能给自己一个缓冲，看看到底能不能适应过来，更希望不在将来后悔。之后，我试着在学校里交朋友，有不会的问题开始积极地问老师、问同学，**并且在借鉴别人学习经验的基础上不断改进自己的学习方法**。慢慢地，我的成绩开始有了起色，我也重拾了自信心，脸上的笑容越来越多，而退学这个念头，也渐渐消失在我的脑海里了。

正如著名哲学家雅斯贝尔斯所说："教育就是一棵树摇动一棵树，一朵云推动一朵云，一个灵魂唤醒另一个灵魂。"到现在，当我回首往事时，我都会非常感谢爸爸妈妈。如果不是他们当时的谆谆教诲，如果不是他们的爱心与耐心，我可能会在错误的道路上头也不回地走下去，更难以想象会产生什么样的后果。感谢他们在我成长遇到难题时，没有粗暴地训斥，而是推己及人，从我自身的角度出发，点出问题，提出解决方法。他们用理智的语言、温暖的行动让我明白了教育的真谛。爸爸妈妈这份恩情，我将永远记在心里。

> 学霸说
> 爸爸并不穷追猛打，而是循循善诱，既缓解矛盾，又给了我一段缓冲思考的时间，理智又智慧。

② 有效语言的力量

> **★ 有效语言词典 ★**
>
> 前额叶皮层是大脑的控制中心，而边缘系统负责产生各种情绪。前额叶皮层具有调控边缘系统的重要作用，其功能的不健全会导致情绪控制能力较差。
>
> 共情，是一种理解他人情绪、行为的能力。共情需要设身处地站在他人的角度，体察他人的情绪和感受，体悟他人的立场与观点，体会他人思考问题的角度和处理问题的方法。

第23篇手记

孩子遇到困难就放弃，家长试试这样沟通

父母在孩子开始做某件事情之前，应该提醒孩子坚持和挫折的意义。

> 很多家长发现，让孩子培养起对事物的兴趣很容易，但最难的是"坚持"。当孩子最初接触喜欢的东西时，往往会拍拍胸脯说自己一定能坚持下去，但小孩子的耐心和意志力往往都很匮乏，一遇到困难就容易打退堂鼓，跟家长闹别扭说"不感兴趣了""别再逼我了"。
>
> 孩子遇到困难就放弃，无非就是出于怕麻烦的懒惰心理或者担心自己坚持也还是做不好的恐惧心理。作为家长，面对着孩子成才的美好幻想和现实中一地鸡毛之间的鸿沟，我们往往会在心理上产生巨大的落差，最后可能就用"我的孩子可能真的没有天赋"来宽慰自己。
>
> 其实，耐力和意志力不是生来就有的，家长完全可以帮助孩子在早期的家庭教育中逐步培养起来。摸清孩子的真实想法，学会换位思考，用正确的方式引导孩子，就能慢慢培养起孩子不轻言放弃的毅力。
>
> 那么，家长究竟如何把这种引导落到实处呢？

学霸成长手记

鲍佳音　高考总分：**696**
毕业于河北省衡水第一中学
现就读于北京大学中文系

　　从小我就是一个活泼好动的小孩，对新鲜事物永远充满好奇，看到什么好玩的都想尝试一下。稍微长大一点之后，我变得非常好学，天天跟爸爸妈妈嚷嚷着我要学这个我要学那个，随之就暴露出了一个巨大的问题：如果遇到一点困难，我的兴趣就立马消失，做事极其容易半途而废。

　　那时候年纪小，爸爸妈妈没有过多地干预过我。后来，我大一些了，偶然有一次见到有人在咖啡厅里弹奏钢琴。我立刻就被美妙的琴声所吸引，想学钢琴的愿望开始在我心里生根发芽。当我跟父母提出这个想法时，他们欣然允诺，于是我兴高采烈地踏上了学钢琴之路。

最初，我只是被琴声的美妙和钢琴家的优雅所迷惑，却没有想过为了拥有这些，我需要付出多少努力和汗水。哪怕是一个国际钢琴大师，学钢琴的道路也从来都不是一帆风顺的，我虽然没有期待过获得那样的成就，但也在学钢琴的路上饱受"折磨"。

学钢琴之后，我的玩乐时间被大大压缩——往常写完作业后，我还可以看看电视或者和朋友出去玩，现在，却只能在家里对着枯燥的五线谱一遍又一遍地练习。父母和钢琴老师眼中，学钢琴是一件严肃的事情，不容半点马虎。最开始，因为兴趣使然，我也积极练习，但**伴随着他们无休止的监督催促，我的兴趣也越来越淡**。那时的每个夏天，我都在琴房里为了考级不断磨炼，越到后面，钢琴曲的难度越大，我常常好多天都没有办法熟悉，感受到自己的漏洞频出，我的耐心也降到了冰点。我开始像泄了气的皮球一样敷衍地练琴，也想尽办法偷懒，甚至会无意识地对着琴键一动不动地发呆。

还记得那次我因为不想再继续学钢琴跟妈妈大吵了一架，她认为我以前也是这样，一遇到困难就退缩，现在我已经长大了，不能再像小时候那么任性，既然选择了就应该坚持下去，否则，以后只会一事无成。<u>我哭得很伤心，我觉得妈妈一点都不理解我，我学钢琴是出于兴趣，可是他们给我的考级压力已经完全磨灭了我对它最初的热爱。</u>

> **心理学博士指导小记**
> 孩子出于兴趣练琴，可以完成得很好，当出于考级的目的被督促着练琴时，练琴就不再是纯粹的享受的过程了。

044　家庭教育的秘密　来自清华北大的 36 篇教养手记

第二天，爸爸找我认真地进行了一次交谈，主要是针对"是否继续学钢琴"让我说说自己的看法和理由。

爸爸问："妈妈总是逼你练习，是不是有点反感了呀，昨天听你哭，爸爸妈妈心里都不好受，我们知道你一直也是对自己有很高要求的，你妈妈晚上也很后悔，还生她的气吗？"我撇撇嘴，不说话。爸爸反问我："你真的想要放弃吗？为了学钢琴，你已经付出了很多的努力，也取得了很多的成绩，如果轻易放弃，之前的付出白费不说，你自己不觉得可惜吗？""任何一个在某方面做出成绩的人，背后都会遇到无数的困难。没有什么事情是容易的。可能现在就到了你学钢琴的'瓶颈期'，也或许是我们给了你太多的压力，是不是自己难以承受，才会说出不想学这样的气话呀？"我低下头，确实感觉如果让自己完全放弃也于心不甘。爸爸跟我讲起他小时候求学的事。他小时候在农村生活，家里非常穷，每次上学都要走两个小时的山路，为了交学费还要到处借钱。爸爸讲这一切的时候很平静，但我心底的防线正在慢慢被击溃。

吵架往往是情绪作祟，但<u>要想认真地解决问题，一定要双方不带怨气地说清楚自己的想法，并且尝试从对方的角度上思考问题</u>。跟爸爸比起来，我遇到的困难确实不算什么，但我也表明了自己的看法：一是我现在学业压力大，很难平衡学业和弹钢琴；二是纯粹地为了考级去练琴，已经让我体会不到弹钢琴的快乐，没有动力继续坚持下去了。后来我们协商一致，以学业为主，把弹钢琴当做一个爱好。果然，<u>没有了考级的压力，我慢慢地又恢复了对钢琴的热</u>

爱，以前都是在妈妈的逼迫下，我才会坐在钢琴前面，现在，一有闲暇或作业的空档，我就会自然而然坐下来练习练习自己喜欢的曲子。

高三的时候，我的成绩经常在低谷徘徊，尽管已经非常努力，但仍然没有起色。**北大的目标变得更加遥不可及**，甚至在我的梦里以180迈的速度驱车离我越来越远，而我在后面追着，呐喊着，却得不到任何回应。这时，**我又有了放弃的念头**。我给妈妈打电话诉苦，说我肯定考不上北大了，不知道如何是好。

妈妈没有责怪我，也没有劝我逼自己一把，而是平静地安慰我："北大一直是你的目标，但是**妈妈并不觉得考上北大就是唯一选择，妈妈相信，以你的能力，选择会有很多。**""努力的结果是一个积累的过程，也许不会立刻就显现出来，但只要一直坚持，你自然就会

> **心理学博士指导小记**
>
> 　　心理学研究表明，过度的外驱力在一定程度上会摧毁内驱力。过度理由效应在生活中很常见，当行为的动机由发自内心的喜爱和渴望转变为外部的评价体系、奖惩措施时，原本的驱动力会减弱。
>
> 　　家长尤其需要注意，要培养和保护孩子的内驱力，切忌让孩子的行为由内部驱动转变为外部控制。

感受到努力的力量。""你不要给自己太大压力，饭要一口一口吃，事情也要一点一点做，你不要想那么多，<u>把手下的事一点一点做好，自然能收获好的结果</u>。"于是我开始强迫自己尽量忘记那些虚无缥缈的目标，着眼于当下。在高考收卷的那一刻，我感受到了坚持带给我的心安。

现在回想起自己小时候的经历，总会非常感谢父母对我的引导和教育。我觉得以下几点是当孩子轻言放弃时，父母可以做的：

首先，在孩子开始对一件事情感兴趣的时候，就要告诉孩子如果开始了就要坚持下去，并且告诉孩子这个过程中可能会有什么困难。比如我在开始学钢琴的时候完全对之后的困难没有心理准备，而家长要让孩子知道，一时的新鲜感并不能支持你在任何事情上取得成就，**只有持续的努力才能带来长足的进步。**

其次，在孩子遇到困难的时候，给孩子足够的鼓励和正反馈。这一点我深有体会，我一直自己练琴，很容易因为焦躁的情绪给自己很多负向的反馈，有时看到妈妈和老师失望的眼神，我也会心情沉重。但当我有了进步，被他们及时发现并热情赞美的时候，我也总是会由衷地觉得自己做的事有价值、有意义，也更有学下去的动力。

第三，换位思考，积极沟通。主动去询问孩子的想法，试着换位理解一下孩子。我觉得我的爸爸妈妈做得很

> **学霸说**
> 当我恐惧失败时，妈妈给予我足够的安全感，让我可以放下压力，着眼于现在，轻松前进。

②有效语言的力量　　047

好的一点就是他们没有太强的功利心。他们鼓励我努力，但也非常理解我只是个普通的孩子，不可能在每个方面都做到最好。<u>他们从来都不要求在所有事情上，我都一定要有好的结果，他们告诉我经历过反而更加重要。</u>就像在学钢琴这件事上，他们希望我能把它当作一个终身的爱好，而不是负担。

最后，就是言传身教啦。当我看到父母在自己的工作或生活中遇到很大的困难，但依然没有轻言放弃，而是想方设法面对困难、解决困难时，我就更愿意模仿父母的行为，从而自然而然地坚持下去。这与我小时候，爸爸妈妈在闲暇的时候经常坐在沙发上读书，于是我也对读书产生了极大的热情，随时随地都可以捧起书来读的情况，其实是一样的。

到了高中之后，因为学业压力大，我虽然没有再继续学习钢琴。

> **学霸说**
> 我的父母从不用结果去评判我的行为，即便我做得不那么好，他们也会无条件地支持我。不计得失，反而让孩子可以没有负担的主动行动起来。

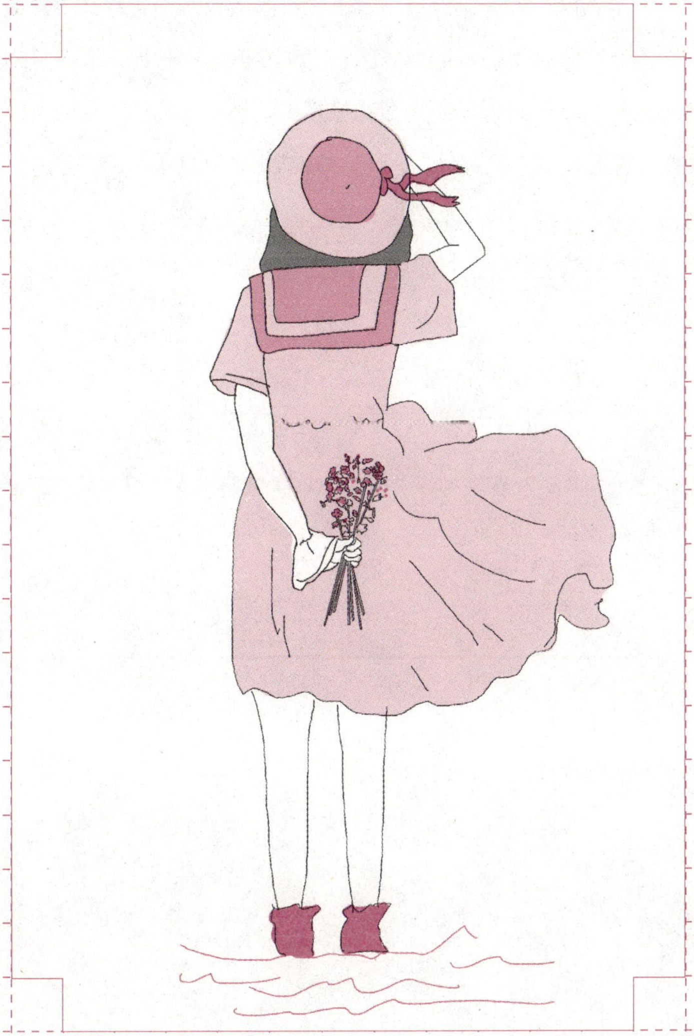

但对于钢琴的热爱一直保留到了现在，每次情绪差的时候，我都会去弹一首喜欢的曲子，沉浸在音乐的世界中，从而感受到美好和平静。我也把弹钢琴当做锻炼自己耐力和专注力的过程，享受从不熟练到游刃有余的过程。因为尝到了坚持的甜头，我开始喜欢上迎接困难和战胜困难。我觉得，这就是理解和榜样的力量。

★有效语言词典★

过度理由效应，指人们的行为支持力量由原有的内部控制转变为外部控制的一种现象。当人们本对某件事情有着协调的内在动机，但此时被赋予一个强大的外在理由，如金钱奖励等，则人们会减少甚至放弃原本的内在理由。在撤销外在动机之后，比如不再给予金钱，人们反而会更倾向于停止进行这项活动。

第24篇
手记

正面管教，孩子才会识错、知错、改错

像对待成年人一样对待孩子，给孩子创造改正错误的机会。

> 我们不会对一个犯了错的成年人随意打骂，是因为我们知道要给别人留"面子"，但我们却往往忽视孩子也有尊严，也需要尊重，也要维护自己的"面子"。因此，家长应该把孩子当成年人去对待。
>
> 当我们作为孩子时，对于自己父母的"棍棒教育"是深恶痛绝的，但是换做我们做父母了，每次当孩子成绩不好或犯错时，却仍然有不少家长对孩子拳打脚踢，并盲目地认为这种管教方式是对的，结果却让孩子对父母更加抗拒。
>
> 孔子说过："人非圣贤，孰能无过？"何况是孩子？当孩子犯错，甚至多次犯错时，家长能不能做到不打骂，不讽刺挖苦？有没有足够的包容和肚量，去正面沟通，把孩子错在哪儿、希望孩子如何去改正说清楚、讲明白，真正给予孩子改正的机会呢？
>
> 孩子犯错并不可怕，面对孩子犯错，家长采取什么样的反应和应对措施才是关键，这将决定孩子是会继续犯错，还是会痛改前非，改过自新。

学霸成长手记

张敏 高考总分：676
毕业于湖南省慈利县第一中学
现就读于北京大学法学院

记得在初中一年级时，同学们都是从各地小学升上来的，彼此还不是很熟悉，有一个同学格外张扬，喜欢到处展示自己的跆拳道功夫，一副很了不起的样子。大家对他都比较反感。

在一次体育课的间隙，当这位同学又向大家显摆他的"功夫"时，有一位同学看不下去，推了他一把，于是两个人起了争执，周围的同学也开始跟着起哄，一来二去的，大家乱作一团，我居然也鬼使神差地进了人群看热闹，推来搡去中，那位"跆拳道"同学不小心摔在了地上，结果脚崴伤，肿起很高。"跆拳道"同学的妈妈知道了这件事后，找到了学校，认为这个事对孩子身心影响很不好，要求学校严肃处理此事。

　　学校把所有参与的学生家长都请到了学校里。<u>我不觉得自己做了什么伤害那位同学的行为，但也被列在了名单里，所以感觉很委屈</u>。但迫于无奈，我只能低着头任凭老师向家长控诉我们的"罪状"。看着爸爸妈妈的脸色慢慢下沉，笑容也讪讪地，我有种山雨欲来的感觉。

　　放学后跟随父母回到家，我一直小心翼翼地观察着爸爸的神色——不知道爸爸接下来会怎么处置我。没想到，爸爸并没有说什么，一直到第二天，我焦急等待着的狂风暴雨还没有来到。

　　到了第二天晚饭后，我终于憋不住了，问爸爸："你们打算怎么惩罚我？"爸爸抬头看我了一眼，好像全然不知道我说的什么，我补充道："在学校打架的事情。"**爸爸这才正色**，不疾不徐地说道："你

心理学博士指导小记

　　科尔伯格的道德发展阶段论将道德分为三个阶段，共六个水平。在这里，孩子的道德行为仍然停留在最初级的阶段，担心受罚，担心来自家长和学校的压力，没有意识到自己的错误。

终于想和我聊聊了。"

我把事情的经过大体描述了一下，特别强调了我根本没有动手的情况，为了减轻自己的责任，我不知哪里来的机灵，竟然对爸爸说："其实，一开始我不想加入的，可是我朋友小A非拉我进去，还说这样的人就应该挫挫锐气，她还说如果我不去，她就要跟我绝交。"

看着我慌乱的表情，爸爸"哦"了一声："所以，你是被逼着做了一件你不想做的事？如果是这样的话，那你也是受害者。这个情况得跟学校说清楚，否则，以后再有这样的情况发生……"当听到爸爸要跟学校反映，我有点急了："爸爸，其实，不是别人逼我的，我平时也看不惯那个同学的行事作风，所以才……"

爸爸打断了我的话，语气有点激动："你虽然是个女孩，但我一直觉得你是一个有担当的人。"我羞愧地低着头。有那么一分钟的时间，爸爸不说话，我更加局促不安。等再开口，爸爸的语言平缓了很多："人不怕做错事，怕的是不知道自己错在哪儿，怕的是自己做的事自己不敢承担。其实，爸爸像你这么大的时候，也犯过错，也打过架，说过谎，但后来，我认识到了错误，并改正了自己的错误，不再重复犯类似的错误，照样还是家长和老师眼中的好学生，'过而能改，善莫大焉'啊！"

是啊，谁也不可能一辈子不犯错，犯了错，改了就

心理学博士指导小记

青少年和很多成人的道德发展处于习俗阶段。在第一个水平，道德行为是出于寻求人际关系和谐的目的——不想做错事是为了成为『好孩子』；第二个水平则是维护权威与法制——不想做错事是因为不合法。避免和同学绝交而做某件事，是非常典型的道德标准仅仅是为了受到同伴认可。

好。回想当时打架的场景，我其实能感觉到那位同学眼神中透出来的慌乱、无助，而那位同学除了爱显摆也没什么大错，我何必要看人家不顺眼呢？为何还要去随大流参与进去呢？这本身就是一个错误的决定啊！

想到这里，**我用坦诚而勇敢的目光看着爸爸**，说："我认识到自己的错误了。"爸爸马上问："像现在的情况，你有什么打算吗，怎么解决呀？"我哑然。爸爸说："做了错事就要担当，认识到错误了，我们还要改正错误呀！你觉得我们去跟你同学道个歉是不是可以弥补一下呢？"我连连称是。当天，**爸爸和我带着一些营养品去看望了那位受伤的同学**，表达了我的真诚歉意。那位同学也不好意思起来……爸爸安慰同学好好养伤……我在一旁，心里翻江倒海。

在回来的路上，爸爸一改往日轻松的形象，看上去很深沉，语气格外严肃："一个人在做事时，要三思而后行，<u>不是别人做什么，你就一定也去做什么，相反，如果你通过自己的认知和思考，察觉到大家的方向走偏了的时候，你应该站出来，设法阻止错误的事情发生。这才是一个人的担当</u>，这才是一个勇敢的人……"

后来，我跟其他几位被请家长的同学有过交流，其中有一个同学的爸爸回家对他就是一通数落，还把这位同学之前的种种不省心的事全清点了一遍，把我这位同学说得

心理学博士指导小记

在这里，父亲的道德要求已经超过了习俗阶段，抵达了后习俗阶段。后习俗阶段包括社会契约定向（法律或规则是否公平）、普遍伦理原则（是否符合我的原则与良心）。当认真思索后，遵从内心的原则而不盲从既有的判断，说明已经抵达了较高的道德水平。

一无是处，简直到了无可救药的地步。同学在这种狂风暴雨式的指责和挖苦中，生出来强烈的逆反心，只是迫于威压不能发作出来。

其实，在我看来，**他们父子对抗的中心，早就不在打架这件事本身的对错上了，他们早已被情绪裹挟得离题万里。**据同学说那几天他爸爸正好工作也不顺心，又摊上孩子在学校的事，越说越气愤，就把怒气全撒同学身上去了，看着眼前面目狰狞的父亲，同学自己的委屈无处诉说，只能一个人默默消化。

无论哪个家长因孩子表现不好被请到学校，都会觉得面子上挂不住，再加上工作了一天的劳累，难免会愤怒。同学爸爸的处理方式，简单粗暴，这完全是让自己的情绪压倒了理智，不但没解决原来的问题，没让孩子认识到自己的错误所在，反而制造出了新的问题，给孩子带去了更重的心理负担，以致未能给予自己的孩子以正确的引导和教育。

我要感恩爸爸在处事时的沉着冷静。爸爸就事论事，他克制住了自己的怒火，也让我能够冷静下来，有时间有空间去积极反思；他采用和风细雨式的引导，让我认识到了自己的错误；他用自己的实际行动教会我，犯了错就要勇于承担，勇于改正。

今天的我已经进入了大学继续学习，再回首过去的

学霸说 如果爸爸没有控制住自己的情绪，那么他可能就没有办法正确地导我。

② 有效语言的力量　　057

事，有很多感触。我觉得，犯错在孩子成长过程中时有发生，但是家长的不同回应，却会塑造出孩子不同的人生。

> ★有效语言词典★
>
> 美国心理学家劳伦斯·科尔伯格提出了道德发展阶段论，他认为道德判断能力的发展有三种水平，每种水平又分两个阶段，即：避罚服从取向、相对功利取向、寻求认可取向、遵守法规取向、社会法治取向、普遍伦理取向。这六个定向阶段展现了道德观念的认知形式从低级到高级的发展过程。

第25篇 手记

孩子有独立人格，别想掌控孩子的一切

家长不要将孩子当做自己的"附属品"，平等和尊重是家庭教育的基础。

"

少年强则国家强，孩子身上承载着国家的未来。而父母通过对孩子的价值引导和素质塑造对孩子的成长成材和独立人格的养成有着不可替代的重要作用。但受某些传统观念的影响，很多家长在教育孩子的时候不自觉地用威权管教，只一味地抑制、打压孩子。更有甚者，一些家长还将错误归咎于孩子，认为他们心理脆弱，抗压能力差，不成熟，想不开……面对家长的不理解、误解，有的孩子会表现得唯唯诺诺，完全失去了自我，还有一些孩子则表现得非常自我，不仅父母的话听不进去，还会出现忤逆父母、离家出走等极端行为。

孩子除了是父母的孩子，孩子更属于孩子自己。作为家长，我们更要充分尊重孩子的独立人格。

所谓"不教而教，不学而学"。家长在将孩子往"栋梁之材"的方向培养的同时，要注意深入了解孩子的需求，给予他们平等的地位和尊重，让孩子拥有表达自己想法的权利和机会；给予孩子自己选择的权利，不以一种直接的、居高临下的方式命令孩子，强迫孩子服从自己的一些想法。父母既充分尊重孩子，又不放任自流，才是处理亲子关系的正确态度，才能与孩子形成"亦师亦友"的健康关系，才有助于孩子养成独立的人格。

"

学霸成长手记

韩思雨 高考总分：675
毕业于河北省衡水中学
现就读于清华大学社科学院

在小学和初中阶段，由于父母管控过严，让我深感痛苦，至今记忆深刻。

记得小学的时候，父母让我转校，我很不愿意，但是我自己做不了主，只能听从父母的安排，他们认为新学校教学质量更好，容不得半点反抗，我就被直接送进了学校。他们还不等我适应，便又定了要考第一的目标，我只能自己心里委屈，但也无能为力。

当时我年纪小，住校生活要求两个星期才能回家一趟，父母工作忙也很少来看我，我就非常想家。我的同学当中有很多是走读生，每天放学看到他们在落日黄昏下回家的情景，我都非常羡慕。有时候太想家了，我会哇哇大哭，虽然老师和同学们都会安慰我，但**我对父母的感情非常依恋**，为此会竭尽全力去达到父母划定的目标，不想让父母失望。就是这样的信念支撑着我一个人在异地他乡读完小学，并且以优异的成绩考上了我们那里的重点中学。

其实中间也有一些小插曲，就是我的父母曾经说如果考得好，就奖励我羽毛球拍、绘画本这类小朋友喜欢玩的东西。<u>但是当我达到了目标，他们却会以各种理由推脱不给奖励，可能是怕我花太多时间玩，没心思学习了</u>。但实际上，我每天都是写完作业以后才去看电视的，我虽然小，但分得清轻重缓急。如果他们那时能问一问我的意见，我的内心也不会那么失望。想想我的童年缺少了这份童真和乐趣，我还是有些遗憾的。

回想起这段成长历程，有苦涩也有收获。倘若父母在给我办转

> **心理学博士指导小记**
> 　　对于学龄阶段的儿童，主要的心理冲突在于勤奋和自卑。能够平稳地完成学业，固然能够获得勤奋感，战胜自卑心理。但是家长的表现"许诺奖励却担心孩子没心思学习，所以不兑现"，也不值得提倡。其实，过度看重学业或工作，将学业或工作看成生活中唯一标准的孩子也是很可悲的。

学时，能够多参考一下我的意见，也许我的童年就不会充满孤独和无助，我也会像其他小孩子一样拥有一个充满快乐和家庭温暖的童年。但从另一方面，也正是有了这样一段从小就自己应对一切，**独立学习的经历，让我比别的孩子更早地拥有了独立思考和独立生存的能力**。

从我的经历来说，家长在做出有关孩子的重大决定时，还是应该多多倾听一下孩子的想法和需求，毕竟主动<u>独立</u>和<u>被动独立</u>差别还是比较大的。另一方面，如果承诺了孩子的，父母应该及时兑现，应该相信孩子，而不是盲目怀疑孩子。

再大一点，我上了初中。<u>有了小学阶段的锻炼，我对爸爸妈妈的依赖下降了好多</u>。我当时成绩不错，和同学也相处不错，还担任了班级的班长、学习委员，生活简直是"春风得意马蹄疾"。朋友之间的友情和青春的活力张扬很好地填充了父母关爱的缺失，我的生活充实而愉快。当然，我的成绩也没有落下，全年级五六百人，我入学第一次考了年级二十几名，后来就慢慢提升上来，稳定在年级前三。

大概是因为相聚的时间总是很短暂，或者因为父母总是很忙，我学习得累不累，和同学、老师的关系好不好，他们很少过问。他们最多问问成绩，只要成绩好，一切都变得没有问题。这期间，父母给我制定了"年级第一"的

> **心理学博士指导小记**
>
> 心理学家爱利克·埃里克森把人的心理发展分为八个阶段，在每个阶段都有亟须解决的矛盾和冲突。如果能够很好地解决该阶段的对应危机，个体能够平稳地过渡到下一个阶段，反之则会造成停滞和适应不良。

②有效语言的力量

奋斗目标，在实现这个目标的过程中，我付出了很大的努力，受过很多的委屈。

我记得，那时学政治、历史要背很多东西，我会早上、中午提前到教室背诵，晚上睡觉前把知识点再回想一遍，所以别的同学在休息和玩耍的时候，我都在用功。但即便如此，依然会有考得不好的时候，这时他们就开始唠叨，"上次某某某排名还在你之下。""你考成这样，怎么上重点高中？""不好好学习，每天都想什么呢？"这些话，都让我原本难过的心"雪上加霜"，每当我稍要争辩，什么"都是为你好，才说你就顶嘴！""这孩子怎么不知好歹。"这样的话，马上就被扔了出来。我心里开始疏远他们，感觉还是不说话得好，自己过就好。

我何尝不知道父母是为了鞭策我激励我才说的那些话，但比起这些，我可能更需要的是来自父母温暖的安慰和鼓励。而从他们的角度，大概认为用这种近乎苛刻的方式，会激励我继续进取。客观上，这也确实达到了效果，我确实如愿考上了省重点高中。<u>但我也知道不少同学同样是因为如我父母般这样的恶语相向而变得沉默寡言，敏感自卑，更有甚者孤僻抑郁，叛逆易怒。</u>

其实，在让孩子走向独立的过程中，"动之以情，晓之以理"，**情理结合的说教才会有最佳效果，毕竟，人不是机器。**人除了是理性的动物，还是感性的动物，尤其是

> 心理学博士指导小记
>
> 对于青春期的孩子，主要的心理矛盾在于自我同一性和同一性混乱。在这个阶段，孩子面临新的社会要求，需要建立一个新的自我同一性，这包括如何将自己置于社会群体之中，如何确立自己的未来方向，如何为自己的行为做出承诺。如果不能平稳地度过这个时期，孩子会缺乏目标，浑浑噩噩。

064　家庭教育的秘密　来自清华北大的 36 篇教养手记

对情绪不稳、对情感需求更高的青少年来说,我们更需要情感上的沟通和满足。

就在我的父母又一次不带丝毫感情地批评教育之后,我坦诚地谈了自己的想法,我跟他们说,他们的命令式的管教让我非常压抑,他们毫不顾及我的情绪和情感的话语和做法让我非常伤心……这一次,爸爸妈妈静静地聆听了我的想法,他们也终于意识到了自己的问题所在。

到了高中,竞争压力非常大,我的成绩忽高忽低,被别人赶超是常事,考到中游也并不少见。与初中时产生的巨大落差,经常让我感到郁闷。面对成绩的下滑,这时的父母耐心地倾听我的心声,疏导我发泄出积压已久的消极情绪;他们还给我更多的安慰和鼓励,我突然感觉到与父母间久违的亲近。慢慢地,我也开始在楼下的电话亭中向他们透露自己的心事:考得不好,我会哭,会跟他们诉委屈;考得好了,我也会跟他们分享我的喜悦;宿舍里、班级上、学

心理学博士指导小记

本案例中,在青春期孩子的自我同一性的形成阶段,父母的家庭教育作用实质上是减弱的,父母应更多地用耐心陪伴,扶持孩子平稳地度过同一性探索时期。

校里的新鲜事、有趣事,我也会跟他们偶尔聊起。父母不再像以前一样对我施加压力,也不再对我指指点点,不再给我定下某某目标。**他们说相信我能自己去处理自己的情绪、朋友间的矛盾、学习上的困难。**

父母教育方式的改变让我内心倍受鼓舞,浑身充满了力量,我得以用一种更好的状态投入到高中阶段的学习和高考备考中去,最终以优异的成绩考上了心目中的大学。

等到了大学,我越来越独立。不仅是生活方面的独立,更是人格的独立,一部分是我已经习惯了独立,一部分是在大学里很多事情只能自己决定,自己实践,自己承受。我从一个毫无主见,一切听父母安排的孩子也成长为了一个真正的个体,当然,这是离不开父母的支持的——父母作为背景板,一直在影响并塑造着我。

> **学霸说**
> 　　父母的积极改变,对我成长为一个有独立人格的人有很大的影响。

每个孩子都是一个独立的个体,有被尊重和平等对待的需要,同时,孩子又因为年龄的缘故,离不开家长的扶持和教育。对待孩子,切忌求全责备,也不要理性有余,温情不足,以免给孩子敏感的内心留下伤害和遗憾。家长只有把握好理性与感性的平衡点,把握好"管"与"放"之间的度,才能收获一份和谐的亲子关系,成功培养孩子的独立人格。

★ 有效语言词典 ★

自我同一性,是指青少年的各种特质,如情感、能力、价值观等,在个体的成长过程中逐渐整合,形成具有内在统一的人格框架。

同一性混乱,则指在寻求自我同一性的过程中,青少年因为对自己的需求、目标以及要扮演的角色缺乏清晰的统一的自我意识,进而产生较低的自我评价并难以承担责任,导致的同一性失败。

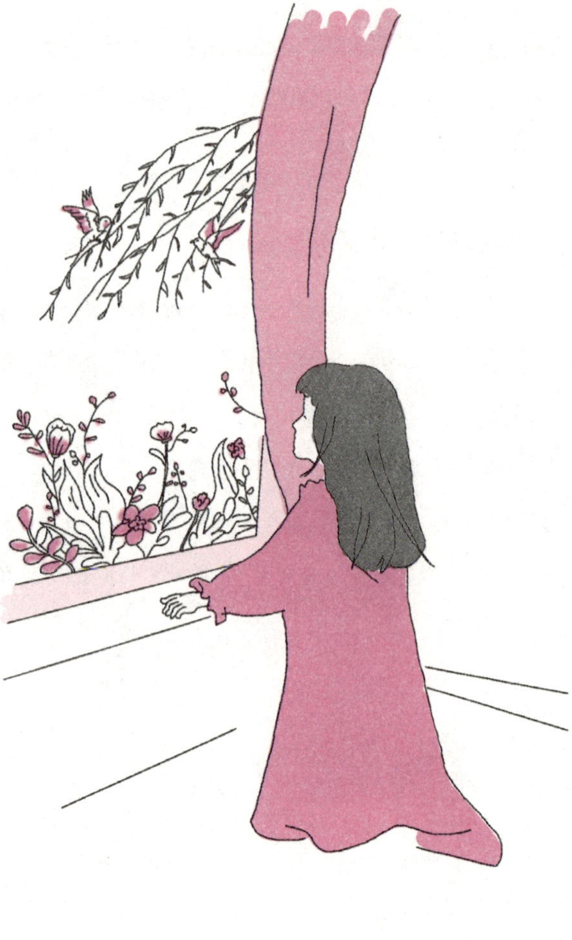

第26篇 手记

拉波波特法则：怎么才能和孩子达成有效共识

接纳并理解孩子，是达成有效沟通的关键一步。

> 有人认为，沟通就是说话，但有效的沟通不等于简单的说话，尤其是父母跟孩子的沟通。很多时候，我们家长说得头头是道，口干舌燥，结果孩子茫然的眼神和无所谓的表情，直接证明了我们不过是在自说自话，鸡同鸭讲。
>
> 父母对待孩子，是"捧着一颗心来，不带半棵草去"，有哪个家长不是用一片全心全意的赤诚对待自己的孩子呢？然而，孩子很多时候却不能理解家长的一片苦心，家长的话就是听不到心里去，这到底是为什么呢？
>
> 今天的社会，已经日渐发展成为一个双向互动的时代，我们家长也应该及时抛弃不合时宜的"单向输入式""自说自话式"的沟通形式，转而全身心地拥抱"双向""互动""他者视角"式的沟通形式，如此，方能真正走进孩子的内心世界，从而达成有效沟通。
>
> 那么，家长要怎么说，孩子才会听？家长要采取怎样的策略，才能与孩子达成有效共识呢？

学霸成长手记

陈婧琪　高考总分：664
毕业于河北省衡水第一中学
现就读于北京大学中国语言文学系

小时候贪玩，每到放学铃响，一颗心早就飞到了云端，什么作业、学习早已抛到脑后，甚至在还没放学的最后一节课就已经开始盘算着放学后有哪些好玩的事可以做了。

想象再美好，回到家总是要面对特别冰冷的现实——老师在课堂上留的一堆作业、父母的额外"加餐"，这样的矛盾真是让人懊恼不已。

下面的一幕常常会在我家出现：父母但凡稍有放松，没有紧盯，我就会先紧着自己定的"小目标"，直到最后才想起老师和父母定的"大目标"。结果干"正经事"的时间一拖再拖，总免不了父母的一顿数落。如此往复，几乎成了一个恶性循环，父母不满意我的拖延，老师不满意我的作业质量，我也两头受埋怨。

有一次，我的作业写得实在太潦草了，班主任老师跟妈妈反馈了我的情况，说书写太乱，作业太不认真，希望家长协助督促改进。

我记得在放学回家的路上，妈妈一边走一边跟我聊着。

"老师跟我反馈，你的作业很不用心，什么原因呀？"

"我已经很认真地写了，在学校学了一天，我真的挺累的，所以才稍微地有那么一点点的放松。"

妈妈停顿了一下，想了想说："上了一天课，的确是挺累的，放学后想放松一下，也是情理当中的。"

没想到妈妈这么理解我的心情，我立马点头："对啊，就像你们工作了一天，回家刷手机，也是在放松嘛！我们也需要放松，是

> **学霸说**
> 妈妈总是在我说完之后会重述一遍我所说的，这就是拉波波特法则的第一步。

不是？"

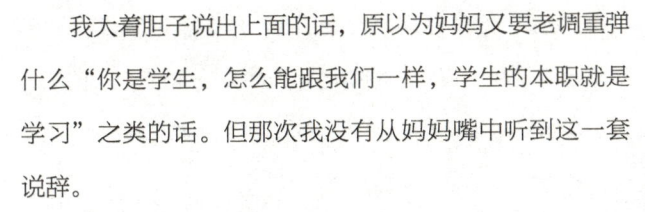

我大着胆子说出上面的话，原以为妈妈又要老调重弹什么"你是学生，怎么能跟我们一样，学生的本职就是学习"之类的话。但那次我没有从妈妈嘴中听到这一套说辞。

她反而满是坦率和恳切："没错！连伟人都说'谁不会休息，谁就不会工作'。工作与学习一样都是需要付出劳动，也都挺辛苦的。要不古人为什么说学习是'寒窗苦读'呢？如果工作累了，就需要休息，同样，学习累了，也需要休息，这就是'劳逸结合'啊！"

"谁不会休息，谁就不会工作"，我重复着这句话，心想：是伟人说的吗？我得去查查。一面，我也在疑惑，妈妈今天是怎么了？她以前一向是强调"先写作业，再休息""作业第一，休息第二"的啊……

正疑惑间，妈妈接着说："我之前总是要求你先写完作业才能玩，这有点死板教条了，这种理想化的状态，换作是我，也做不到啊！""放学了，人的大脑也需要切换一下，所以，妈妈觉得你这个想法还是蛮正确的。而且你想先休息，也是想以更好的状态去完成作业，是吧？"

一时间，我有点蒙，也有点不好意思，其实，我知道自己写作业态度不够端正，很多时候都是为了应付，敷衍了事，作业的质量不高，卷面不光让老师头疼，我自己都

> **学霸说**
> 妈妈会把她认可的观点很明确地告诉我，并肯定我的观点是有价值的，这就是拉波波特法则的第二步和第三步。

②有效语言的力量　　073

> **学霸说**
> 妈妈用充足的理由,来表明她的反对意见。这是拉波波特法则的第四步。

看不下去……看来,我以后不能再这样下去了。

"可是,如果你学习质量不高,作业字迹潦草,这是不是违背了我们写作业的初心?既然充分休息了,就应该以更加饱满的精神和更加认真的态度去高效完成作业,你说是吗?"

妈妈突如其来的话锋一转,让我无从反驳,细想之下,又确实如此,我主张先休息再写作业,那么既然休息充分了,有什么理由不高质量地完成作业呢?

当时真是被妈妈说服了。从那天以后,我一直以字迹工整、高质量完成作业的标准来要求自己,成绩居然提升了不止十个名次。

我不知道,妈妈是受了什么启发,还是请教了什么高人,但是,在我的印象里,爸爸和妈妈从我十几岁之后,就不再像小时候那样板着脸跟我说话了,而是变得尊重我,理解我,认可我。

我发觉,妈妈越来越注重沟通技巧,每次在对我提出批评或反对意见之前,总是不忘给予肯定和认可,让人很容易接受。爸爸跟我交流时,也更注重营造一个民主、自由、平等的交流氛围,不再像我小时候那样居高临下地命令,我有了更多地发表自己看法和想法的机会。从那时起,无论在学习还是生活中,我都对自己充满了信心,因为很多事我都可以自己做主,不必再请示父母,也很少因

> **心理学博士指导小记**
>
> 前文曾经介绍过说服的几个技巧，这里体现出其他的一些技巧。其一是"好心情效应"；其二，正面说服和反面说服相结合。家长承认相同的观点，可以让孩子感到客观、公正，从而更容易接受对立的观点和态度。这个技巧也提示我们，直接攻击对方，可能会造成对方更极端地维护自己的观点。

为做得不对而受批评。

在这样一个宽松的、民主的、相互尊重的家庭成长空间中，我跟妈妈也成了无话不谈的朋友，我的一些想法和行为总能得到理解和认可，妈妈也不再把自己的意愿强加在我的身上，把自己的观点强行灌输到我的脑袋里。

还记得，我在上高中时，喜欢上了班里的一位男生，当时，同学们学习氛围浓烈，学校也不主张谈恋爱，虽然只是心底单方面的喜欢，但也觉得很紧张，有点忐忑不安，后来，就忍不住跟妈妈分享了这个秘密。

那一天，我有些不好意思跟妈妈说："最近一段时间，我喜欢上了我们班里一个男生……"

妈妈抬眼看了我一眼，颇有意味地"哦"了一声，微笑着问我：

"你喜欢的那个男生,他知道你喜欢他吗?"

"我还没告诉他……"

"你这个年龄喜欢一个男生,很正常啊!我像你这么大的时候,也喜欢过一个邻班的男生,那个男生很帅气很阳光……"

妈妈笑眯眯地仿佛陷入了回忆中,接着神色坦然地看了我一眼:"不过,当时我也没表白。"

"你为什么不表白啊?"

"因为还没来得及表白,我就转头喜欢上另一个男生了,那个男生人很聪明,学习很牛!"妈妈豁然开朗地笑了。

看到妈妈这么开明,我反倒为自己的紧张而不好意思了。是啊,同学之间互相欣赏、正常交往,有什么大不了的啊!后来,因为不再刻意关注,又因为忙于准备考试,在不知不觉中,我也就云淡风轻地放下了。

升入大学后,我寒假回家,偶尔在家里的书架上,看到了一本讲如何有效沟通的书。书里介绍了"拉波波特法则"的四步沟通法,这个法则是由阿纳托尔·拉波波特提出的。他认为,要实现有效沟通,更好地达成共识,可遵循以下四个步骤:

第一步,将对方的观点复述一遍。让对方意识到,我们明白他的想法。

第二步,提出对方观点中我们认可的部分。让对方认

> 心理学博士指导小记
> 总结:善用有建设性的批评,达成有效沟通。

为我们足够理解他。

第三步，告诉对方，从这些我们认可的观点中看到了什么。让对方觉得自己的观点是有价值的。

第四步，提出我们反对的观点，并给出充足的理由。

要想实现第四步，前三步不可省略。**只有完成了复述——理解——认可这三个环节的铺垫，再提出不同意见时，对方才会不知不觉地被带入到一种接受和反省的状态。**这时，双方就很容易达成共识了。

看着书中内容，我想，爸爸妈妈在跟我的沟通中是不是也主动地运用了这一法则呢？后来，我也被拉波波特的"四步沟通法则"所深深吸引，并有意识地运用到与同学之间的沟通中去，我发现当运用这一法则时，有一些因观点不同引发的争吵完全可以避免，当我想要陈述一个与对方相反的观点时，运用这一法则，对方可以轻松接受。

★有效语言词典★

好心情效应，社会心理学中有一个著名的现象，指当说服对象心情不错时，那么说服信息就会更有说服力，更易被接受。家长的肯定和认可有利于提升孩子的自我评价，在孩子心情愉快的情况下提出异议，孩子能够更为积极地思考问题，收效更好。

"

"

第27篇
手记

> 拒绝冷暴力：
> 如何打破父母与
> 孩子之间的坚冰

孩子不表达情绪，家长要如何引导。

> 无论何时，家总是孩子最温暖的港湾。家的温暖是因为它的温度，而家长正是营造家的温度的人。为什么有那么多的孩子宁愿跟自己同学讲委屈诉心事，也不愿意跟自己的父母敞开心扉？为什么有些孩子宁愿在寂寞的街道上、旅馆中徘徊游荡，也不愿意回到自己的家中？
>
> 我们不禁要问，这样的家庭中缺少了什么？是不是缺少了一份热情的关怀、温柔的问候，多了许多无端的埋怨指责和情绪化的冷言冷语？
>
> 家长都不愿家成为阻碍孩子独立成长的"温室"，却也不能让自己的家温度过"低"，更不应该使用对孩子心灵伤害极大的"冷暴力"，以致在深深伤害孩子之后，往往还不自知，造成不可逆转的局面。

学霸成长手记

白雨婷 　高考总分：**686**
毕业于辽宁省大连经济技术开发区第一中学
现就读于清华大学行健书院

我成长在一个父母都是知识分子的家庭中，爸爸是个医生，妈妈是个高中老师，我们这个家庭可谓是理性有余，感性不足；冷清有余，热闹不足。

小时候，**每当看到别的小朋友一家三口其乐融融的场面，我总是特别羡慕**，我会想象生活在那样一个温馨而热闹的家庭中的小孩子该是多么幸福。

爸爸妈妈每天的日程都安排得满满的，一周七天中，几乎没有多少时间陪我，我就像被丢在角落里的一个多余的娃娃，只能等到他们偶尔忙完闲下来的时候才会想起帮我拍打一下身上的灰尘，其余时候,我都是自生自灭,他们对我也是不管不问。

我常常一个人趴在窗边望着那些在外面疯玩的小朋友,看着外面的人来人往,品味着孤独,也习惯了孤独。我感觉自己从来没有体会过被爱的滋味,我认为自己在家中是个可有可无的存在,我是一个活生生的人,但是他们却似乎根本看不到我,<u>在这种孤独和无助中,我慢慢长大了,学会了自己排解苦闷,性格也变得比较孤僻难相处。</u>

但爸爸妈妈似乎并没有发现我的异常,我与他们越来越疏远。后来,我学会了漠视他们,我经常把自己关在房间里,自己写作业,自己听音乐,自己发呆。对于他们偶尔的关心,我极不耐烦。

记得有一次,妈妈手里端着一杯牛奶走进了我的房间。

"闺女,学习累了就站起来走走,别老玩手机,对颈椎不好。"

心理学博士指导小记

此前介绍过几种常见的父母教养类型,本例是典型的忽视型家长。

"没玩手机,在查资料呢,你下次进来能不能敲敲门?"

"你这个孩子怎么这么说话呢?我是看你学习累了,给你倒杯牛奶补充下营养,再说,门是虚掩着的,我特意敲门有必要吗?"

"好,没必要!"

撂下话,我离开了自己的房间!

妈妈追了出来。

"对待父母,起码的尊重还是得有吧?我去给你送牛奶,你对我这么说话,合适吗?"

"怎么不合适?"我内心还是不平衡。

妈妈被我怼得说不上话来,瞪着我看了半天说:"你怎么变成这样了?蛮不讲理!"

"我变成这样怎么了,要你们管。"

妈妈被我冷漠无情的话吓到了,有一种不认识我似的眼神投过来。我避开她的眼睛,自顾自地走开了。这种话不投机半句多的情况越来越频繁时,妈妈意识到了事态的严重性。从那之后,妈妈和爸爸都变了许多,他们开始对我嘘寒问暖,每天无论多忙,都抽出时间来跟我聊聊天,关心一下我的学习情况。在家里,渐渐有了一点温暖,但当时的我心里依然郁结,我认为他们在惺惺作态。

一次,姥姥生病,妈妈去照顾几天后回来,突然就有

> **心理学博士指导小记**
>
> 忽视型教养方式下长人的孩子,长期感受不到父母的爱与温暖,也很难体会到亲密的亲子关系、安全感和自我价值感,很容易养成孤僻的性格。因此文中的孩子对妈妈的回应是冷漠的、无所谓的,甚至隐藏着很大的攻击性。

②有效语言的力量　　083

> 学霸说
> 父母对我敞开心扉，真诚地道歉，让我对他们多了些理解。

些感慨："闺女，你小时候，我们只顾忙着工作，疏忽了对你的陪伴，你能原谅爸爸妈妈吗？""我们的工作性质你也知道，像其他的父母长时间陪在你身边的机会确实不多，所以我们更怕不在你身边的时候，你不能好好地照顾自己，我们什么事情都让你自己做，不过多地参与，其实是有另一层考虑，我们希望你能尽快地独立起来，但是我们忘了，你还是个孩子，<u>没有爸爸妈妈的陪伴，本身来说对你就是不公平的，那么多的困难让你独自面对，一定非常辛苦吧，是爸爸妈妈忽视了你。</u>""但，谁不爱自己的孩子呢……"

妈妈的话，在一点一点融化我心中的坚冰——原来爸爸妈妈并不是不关心我、不爱我，他们只是工作忙，他们想锻炼我的独立性……只是，曾经被弃角落的那种无助和不平又岂是短短几次谈心能抚平的？

但不久后发生的一件事情，从根本上改变了我跟爸爸妈妈之间的关系。

那是在放暑假时，周末轮到爸爸值班，爸爸走得急，手机落在了家里，我在给他送去的时候，顺便参观了一下他工作的地方并近距离地感受了一下爸爸的工作状态。一上午，他都忙得连口水都顾不上喝。快到中午的时候，有一对父母带着孩子走到了爸爸的办公室，将一面锦旗送到了爸爸手上，锦旗上写着"大医精诚 妙手仁心"八个大字，嘴里还说着感激不尽的话……原来，半年前，那对家长一时没注意，小孩吃错了东西，造成食物中毒，幸亏送医救治及时，住院期间，爸爸尽心治疗，细心关注，现在孩子已经恢复得很好，虽然已经出院很久，但是这家人还依然感激爸爸的这份温暖。

　　看到那对父母的满脸感动，看看那个健康小孩的活泼笑脸，一瞬间，我理解了爸爸多年来的辛苦忙碌，也理解了爸爸工作的伟大——这么多人因为爸爸的工作而恢复了健康，<u>他为了更多的别人家孩子的幸福，才不得已放弃了更多陪伴我的时间，这是多么了不起啊</u>！我以前的所有埋怨，在一声声的"谢谢"中消失得无影无踪，爸爸原来冷漠的形象此刻也变得异常亲切起来。

　　中午吃饭时，爸爸说起了我小时候的事——我三四岁的时候，有一次生病半夜发高烧，当时家里没车，也打不到车，是爸爸背着

学霸说

　　爸爸牺牲小我，成就大我，他并不是不关心自己的孩子，只是责任让他不得已放弃很多。时至今日，我仍然以父亲为荣，我会以他为榜样！

② 有效语言的力量　　085

我一路跑到医院，高烧39度不退，妈妈和他轮流抱着我打了一晚上点滴……一点一滴的小事，从来没听爸爸妈妈提起过，知道了这些，我对父母的爱又多了几分理解，爱除了是陪伴，还是责任，是担当，是拼力护他周全。之前，我总抱怨父母只顾忙自己的事，对我不管不顾，可见错得离谱。

我情不自禁地吐出了我的心结——对他们的不理解，在我最需要的时候，他们却忙于工作，我的无助、孤独，还有长大后对他们深深的埋怨……

爸爸默默听着我的诉说，动情地说："闺女，是爸爸妈妈没体谅到你的不容易，你跟着我们受苦了。也谢谢你能理解我们做父母的一片心。"

直到现在，我仍然能记起爸爸那天真诚的发自肺腑的话语。是

心理学博士指导小记

长期被家长忽略，孩子感到自己是不被爱的、是不重要的。而在沟通中，父母通过关怀、劝慰的话语，让孩子发觉其实父母始终都在默默付出，父母也有自己的苦衷。

啊！父母与孩子原本就是最亲的人，为何不能坦诚相对呢？有委屈有不满就说出来，有愧疚有歉意就说出来，歉意是真诚的，爱也是真诚的，这才是真正的一家人啊！

经过那次的事情之后，我跟爸爸妈妈的关系好了很多，我不再和他们冷言冷语，不再故意惹他们生气，也不再和妈妈对着干。因为，我知道，虽然他们有些地方做得不是那么尽善尽美，但他们是这世上最爱我的人。

孩子并不是吃好穿好就可以身心俱佳地自然长大，就像小树苗的茁壮成长除了需要水分和土壤的营养，还需要阳光的照耀一样，对每个孩子而言，父母的陪伴和温暖就如同树苗需要阳光一样不可或缺。也许，在现今这样一个竞争激烈的社会上，**我们的父母或是出于责任，或是出于无奈，不能全身心地投入到孩子们身上，但在孩子成长的关键期，请千万不要让自己的爱缺席**。

现在的我已经走进了大学的校园，学习着更专业的知识，接触到了更广阔的世界，因此，也更加理解了父母的不容易，也早就原谅了他们。

有时就是这样，爸爸和妈妈并没有打骂孩子，也没有在言语上讽刺、挖苦孩子，他们只是忙于事业，忽视了孩子。但这种"忽视"在孩子看来也是一种"冷暴力"，对孩子的身心伤害很大。庆幸的是，我的爸爸妈妈及时意识到了对我的"忽视"，并及时地做了有效弥补，让我们的

> **学霸说**
> 我的父母总是习惯默默付出，不求回报，但却造成了我对他们深深的误解。"话就是开心锁"，幸好，我们之间的沟通还不算晚。

②有效语言的力量

亲子关系重回温馨。在这里,我也要感谢我的父母给我营造了一个衣食无忧、顺利求学的良好环境,即便小有遗憾,但人生哪能事事完美?

★ **有效语言词典** ★

忽视型家长最大的特点是低要求且低关怀。他们对孩子既没有严格要求,关爱也不足,漠视孩子的需求,缺乏亲子间的沟通和互动。

第28篇 手记

关于友谊的建议一定要告诉孩子

父母对孩子个性化的引导与建议至关重要。

> 英国诗人约翰·多恩曾说过:"没有人是一座孤岛。"信息化时代中,人际关系是人生存和发展过程中的关键一环。如果把人比作神经细胞,友情就是神经细胞间建立起的突触,正常健康的友谊是人接触和认知外界的重要途径,一定程度上决定着我们所看到的世界是什么样的。
>
> 从少年到青年,是一个人的人生观、世界观和价值观形成的关键时期,在这一阶段中,一方面经历青春期,大多数孩子通过感性认知世界,在友情的处理上容易冲动;另一方面,随着学习的进阶,孩子们会经历分班、升学等社交环境的变化,因此也会产生一些迷茫和不适应。此外,当由高中步入大学,相对闭塞的社交环境突然打开,成熟的社交手段和健康的友情观更是适应这种变化的必需品。
>
> 这段成长过程中,老师和学校对友情观的培养在一定程度上是缺乏个性化的,所以,培养契合孩子自身性格特点、所处社会环境的友情观,家长的言传身教至关重要。
>
> 那么,家长如何关注孩子的交际圈,又应该通过怎样的方式给予孩子关于友谊的经验与建议呢?

学霸成长手记

郑若彤 高考总分：**692**
毕业于河北省衡水第一中学
现就读于清华大学计算机与金融双学位班

  在我的印象中，小学时代最困扰我的就是人际关系。成绩优异加上性格外向，理论上应该是"好人缘"的配置。但是，同时具备这两点的我，却常常和同学发生矛盾和争吵。"好朋友"是我当时一直汲汲追求但又难以得到的。

  那时候我更向往一种"一对一"的交往方式，两个同学互相把对方当做自己"最好"的朋友。小学的前四五年里，我有一个形影不离的好朋友小陈。随着年级的升高，昔日"关系最好"的伙伴扩大了朋友圈，但我却仍然停留在"最好的朋友只能是唯一"的认知里，几乎所有事都想和小陈一起做，还会对小陈身边出现的其他朋友产生嫉妒。没有分寸的一味亲近，最终使得我们的友情产生了裂痕，**我发现自己形单影只，难以真正融入集体的圈子。**

后来我时常想，当时产生这种想法一定程度上是受到了父母交友方式的影响。我的父母以家庭为重心的思维使他们在交友方面的精力缩减，很少有关系亲密的朋友。这种家庭生活方式自然而然使我同样也减少了培养友谊上的精力与投入，让我的潜意识里既渴望亲密的友谊，又难以主动在培养和维护友谊上投入精力，认为"亲近"就是表达对友情的珍惜。

这种思想终结于父亲和我的一次对话。我问父亲他是否有一个"最好的朋友"，却没能得到他的正面回答。他反问我："你认为什么是最好的朋友？"我理所当然地说："最好的朋友就是两个人时刻在一起，互相是对方唯一的、最最要好的朋友。"父亲后面的回答让我印象很深。

他说，<u>朋友不是钥匙和锁那样一对一的关系，而应该是蜜蜂和花的关系。</u>一只蜜蜂可以从很多朵花上采集花蜜，一朵花也能吸引很多只蜜蜂传粉，健康的人际关系应该是形成自己的"朋友圈"。同样，当蜜蜂遇见花蜜甜美的花时，它不会停留、占据这一朵花，而是会向其他蜜蜂分享这朵花，因为蜜蜂知道花儿需要更多的蜜蜂来帮它传粉以保持繁衍。所以，人与朋友的关系也不应该是过度亲

> **心理学博士指导小记**
>
> 高质量的友情和亲情、爱情，都能为我们提供社会支持。如果缺乏社会支持也会让人们自我评价降低，幸福与满足的感受下降。因此，维持友谊是非常重要的议题。案例中家长为孩子的友情提出了非常宝贵的建议，要与朋友保持边界感，同时也不应该局限为一对一的友情。

密的，留有一定的距离感会给别人安全感。一个人也不应该局限于"唯一的好朋友"，而是应该了解不同的朋友，学习不同的东西，通过一个朋友认识一群人，形成广泛的"交友圈"与"人际网"。

当时的我对这番话似懂非懂但却莫名觉得有道理，随着社交环境进一步扩大，我总会在成长和摸索中不知不觉地践行父亲的话中之意。

到了高中的住校生活，竞争压力增大，同学间的接触也从单纯的"一起学习"变成了"共同学习和生活"。同学关系和舍友关系的处理给了我很大的挑战。一段时间内，我几乎每次放假回家都会向父母抱怨和吐槽身边同学的一些行为。那天，在我又一次的抱怨后，父亲并没有像往常一样一笑置之，而是问我："<u>为什么每次你和我们分享的只有身边同学不好的地方呢？他们没有优点吗？</u>"我愣住了，忍不住在脑海里回想起同宿舍同学的各种表现。我当然知道世界上既没有十全十美的人，又没有一无是处的人。我只看到了她们的缺点吗？我想起了同宿舍的小王，她总能发现别人的闪光之处，从不吝惜自己的赞扬，从她的口中我总能感到满满的正能量；还有小张，她平时不言不语，看起来冷冷清清，但总是默默地帮我们打好开水，把寝室整理得干干净净……

于是，我开始学着主动地发现身边人的优点。从宿舍

> **心理学博士指导小记**
> 从人格心理学的角度出发，每个人都有不同的气质类型和人格特质，当然也有各自的强项和闪光点。在家长的正确引导下，孩子能够学会善于欣赏身边人的优点。

②有效语言的力量　　093

到班级，我发现每个人都有闪光之处，高中的学习生活也因此逐渐变得可爱、美好。

从恶劣到健康，我的友情观逐渐成熟，这与父亲言语的点拨是分不开的。他从不会干涉我具体的交友行为，却会在与我的交流中判断我对友情的处理能力，从特殊的、个性化的方向出发，三言两语引导我对友情进行另一种维度的思考。"不识庐山真面目，只缘身在此山中"，父亲总会站在近似上帝视角关注着我的友情观的形成，他不会用绳子牵引我前行，却总能在我踏入歧途的时候在路边设置警示。

高中毕业后，面对着和往日好友的分离，我又一次与父亲讨论如何衡量友谊。父亲说能遇到一生为友的人是幸运的，但是如果没有，也不要强求，因为有时把某时某刻某阶段的某个朋友，留在我们的记忆里也并不是一件坏事。他说，"随着时间的推移，空间的变换，有些人走着走着就散了很正常。**你只需要用真诚的态度去对待友情，但是当友情走远时也不要过分执着，也要懂得保护好自己。**"

这是从高中走向大学间隙，父亲对我的忠告。我从较为简单的社交环境走进了较为复杂的社交环境，父亲的话也让我此前理想化的浪漫主义友情观回归现实，建立起了更符合现实的友情认知。

保持一定的距离感、发现别人的闪光点、正确对待现实的友情……这是父亲在我友情观形成过程中对我产生影响的几个映射。

学霸说

爸爸用自己的人生经验,告诉我友情的真谛——爱人爱己,但不强求。爸爸的好友虽不多,但每一份都弥足珍贵。

一方面,父亲对我人际关系的关注,让我从细节上体会到了他对我的关怀;另一方面,在他的指导下,我逐渐形成了自己的友情观和人际网。成功的人际交往使我保持了外向的性格和自信的特质,在诸多面试和交流中更好地把握住了展示自我的机会。同时,健康的友谊也引导我向朋友学习,获取脱离于书本知识体系外的人生财富。

关注与孩子交流的细节并发现问题,进行引导和建议而非命令与干涉,善用具体的事例和冰山一角的引导引发自主的思考,在不同的人生阶段给予不同的建议与忠告——回望来时路,父亲对我友情观的培养就像是贯穿我成长过程的一条暗线,潜移默化里蕴藏的是用心良苦,细致入微中包含的是爱子之心。

> ★**有效语言词典**★
>
> 社会支持,是指个人与社会环境中其他的人或物进行互动、获取支持的一种行为。每个人都生活在社会之中,脱离社会的个体就像离开水的鱼儿,无法呼吸。来自亲人、朋友等各方面的精神或物质上的帮助和支持,可以帮助个体缓解心理压力,提高自身对环境的适应能力和对变化的应对能力。

第29篇 手记

如何教会孩子与人合作

故事教育法和有效的沟通能够让孩子愿意与他人合作。

> 自古有"物竞天择，适者生存"的告诫，在当今社会，个体越发注重自身能力，竞争变得越来越激烈。但是如果一个人只是懂得竞争，却不懂得如何合作，那么也是难以立足的。"三个臭皮匠顶个诸葛亮""人心齐，泰山移"，这些谚语都在告诉我们同一个道理，团队合作的力量是无穷的，只有懂得合作的人才懂得如何更好地竞争，只有在竞争中学会合作，才能更接近成功。
>
> 在我们国家，计划生育政策实施的几十年中有很多孩子都是独生子女，与多子女家庭出生的孩子相比，他们往往难有与兄弟姐妹或同龄孩子更多相处的时间和共同成长磨合的机会。现实环境影响了合作意识的培养，现在的孩子缺乏分享资源、分配物质的合作经验，团队精神普遍比较低。再加上可能有些家长会过度溺爱孩子，一心只想把最好的留给自己的孩子，却忽视了团队合作意识的重要性，导致孩子过度傲慢、自私、特立独行等。
>
> 教会孩子合作，这不仅关乎孩子自身的长远发展，也关乎未来社会的发展，这应当成为家庭教育中的重要内容。那么，家长具体应该怎么做，才能培养孩子的合作能力呢？

学霸成长手记

伍廉荣 高考总分：**609**（获得清华自主招生60分降分）
毕业于江西省南康中学
现就读于清华大学金融学院

我出生在一个多子女家庭，从小和小4岁的妹妹一起长大。<u>小孩子总是有把很多东西占为己有的想法，不愿意分享，我也一样</u>。有好吃的零食和玩具，我只想自己偷偷地享受，妹妹总是通过"哭"和"告状"这两种方式来和我争取，父母亲在很多情况下会说我年龄更大，应该让着妹妹。但这种做法不但不能在实质上解决问题，反而让我觉得他们偏袒妹妹，变得更不想分享，我甚至开始出现了强行霸占东西的行为。

有一次，父母给我们买了积木，我只想自己一个人

> 心理学博士指导小记
> 合作与竞争是社会中个体相互作用的两种基本形式。从进化心理学的角度看，合作与竞争早已根植在人类的基因中。

②有效语言的力量

玩,妹妹过来,我就会揽在自己身前,妹妹因此哭闹,父母简单安慰她后,又像从前一样对我重申要让着妹妹、要学会分享之类的话,我特别生气地反问:"**难道所有东西都应该属于妹妹吗?我不能有只属于自己的东西吗?**"然后,自己也跑进房间蒙上被子大哭起来。

父母似乎没想到这件小事会带给我如此大的情绪波动,开始觉得有必要和我们两个孩子认真地交流一下了。等我们情绪都不那么激动之后,**父母把我们叫到了一起**,父亲问我们有没有观察过蚂蚁搬东西,我和妹妹都说只是注意到它们很多时候都是成群结队的,**接着父亲给我们讲了"蚂蚁搬家"的故事**:"一只蚂蚁来搬米,根本搬不动;两只蚂蚁来搬米,勉强能搬动,但费劲;三只蚂蚁来搬米,轻轻松松搬进洞。如果蚂蚁一心只想自己的话,连米也搬不进洞穴里储藏,那么最后谁也吃不上食物;但是如果一起搬,所有蚂蚁都能吃上食物。"听了这番话,我感觉自己就是那个"自顾自地蚂蚁",对自己先前的行为感到有些抱歉,但是我毕竟大了些,有些不好意思也不愿意首先认错,但是妹妹很单纯,她没有任何迟疑,主动地过来拉我的手,和我说对不起,我自然赶紧顺坡下驴,也承认了错误,我们握手言和,我想这也是父母在引导我们学会与人友好相处。接下来母亲又补充说:"个人享用美味固然能感到快乐,但是通过团队合作,共同努力之后获得

> **心理学博士指导小记**
>
> 自然选择,物竞天择,充满了残酷的生存竞争,但是人类(同样也包括动物界)依然存在着互利互惠的行为。善于合作的个体比自私自利的个体有着更高的繁殖成功率,才使得合作的心理机制得以延续下来。本例中父母所讲述的几个关于合作的小故事都很值得细细体悟。

的美味似乎更加让人幸福。"我和妹妹都认同地点了头。

反观我成长进步的过程，父母从小就已经注重培养我的合作意识和合作能力，同时他们的教育方式很有技巧性，比如这种故事教育法，就对我产生了很大的影响。故事教育法，顾名思义，就是家长在交流的过程中讲述寓言故事、名人的故事来引导孩子思考合作的重要性。**往往在孩子还小的时候，一堆成人的大道理，我们并不太懂，也并不爱听，但是故事就不一样了**，生动灵活的情节，却把简单的道理寓于其中，我们更易接受不说，还能启发自己的思考，这比父母直接把思想植入孩子的脑中来得更深刻。

母亲还给我们讲了另外一个耳熟能详的"三个和尚"的故事，寺庙里的三个和尚谁也不想去挑水，导致没有水喝。直到寺庙失火，三个和尚才懂得齐心协力合作打水救火。母亲打趣地向我们发问：

心理学博士指导小记

研究合作心理学的经典范式"囚徒困境"是一个反复进行的博弈游戏，结果表明，以牙还牙是最为稳定的策略。那些在社会交换中做出欺骗、背叛行为的个体，不利于维护诚信的个人形象，当然也大大降低了增强长期交往的可能性。而反过来，坚持彼此公平的原则，能够引导他人的互惠行为。

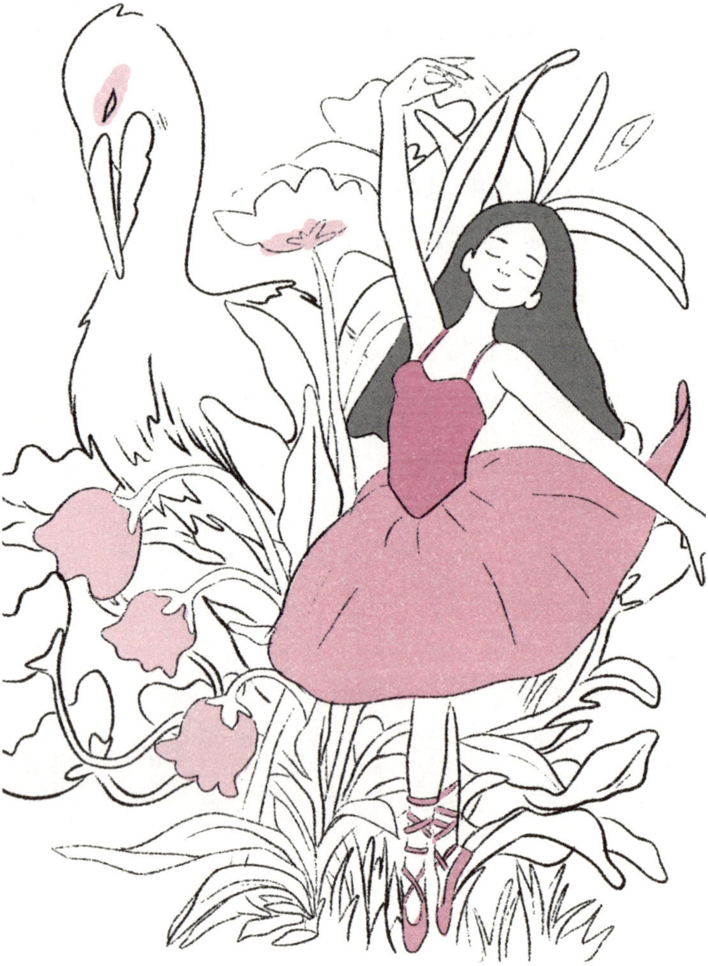

"你们俩是不是和一开始的和尚们一样啊？"的确，这个故事就像一面镜子，人的内心都有私欲和贪欲，就像刚开始所有和尚都不愿付出只想占有别人的劳动成果，但是通过控制，我们可以极大程度地抑制住这种欲望。

这是一段很有效的交流，整个对话过程都非常平和，没有否定与严厉批评，没有生气愤怒，有的只是温柔的话语和耐心的引导，从流传的故事联系到我们现实中的行为，进而再引导我们思考合作与不合作带来的结果差异性，故事通俗易懂，自然而然地就能引导我们反思自己的行为、认识合作的重要性。再加上父母在交流引导过程中态度温和，晓之以理，动之以情，道理自然就更容易走进我们心里，我深刻意识到分享与合作会使我们的办事效率提高，能实现共赢。

回想父母培养我合作能力的细节，我发现有效的沟通在其中也占据了重要地位。

事情要从初中时期的一场篮球赛说起，我们球队在赛场上频繁配合失误，前半场便落下了较大的比分，我当时是球队的主力，总认为是队友们把我拖累了，下场后几乎把队友们埋怨了个遍；后半场比赛我"单打独斗"，想着不用靠队友自己也能行，于是我每每自己抢球，进而进攻上篮，不过，大多数时候我都会被对手干扰到，处处掣肘的我心情越来越糟，比赛最后，我们不但没追上比分，还输得更惨。比赛结束之后，队友间也是彼此指责，不欢而散。

当时，就在赛场边的父亲看完了全场，也亲眼看到了我和队友

> **学霸说**
> 爸爸和妈妈在我不同心情下的不同沟通方法，也让我产生了不同的回应。但相比而言，平和的妈妈起到的引导作用，显而易见更有效果。

们的冲突，回家的路上，他一直在教育我：本身你们的攻防计划就有漏洞，难怪会输球；球队的利益是集体的，一荣俱荣，一损俱损；每个人都很重要，想赢球却不懂配合，个人英雄主义成不了事儿；说话阴阳怪气，谁会惯着你……父亲语速很快，情绪也很激动，**我当时刚刚输了球，本身心情就不好，所以对爸爸的说教无比的厌弃和叛逆**，更不要说进行好好自我反思改进，就这样，我赌着气回了家。

一进门，母亲应该就已经看出了端倪，但她并没多问多说，只是轻轻柔柔地喊我们吃饭，饭后，她跟着我进了房间，低声问："心情不好呢？""是，非常不好！"我噼里啪啦地抱怨一通，心里的怒火终于有了一个发泄的出口。"嗯，妈妈理解你想要赢得比赛的急切心情，但是越是想赢越不能心急。""队友嘛，也需要包容和信任的，想想，你这个队长可是能感染全队的，是不是应该更理智些、更大局观一些呀？""篮球始终是一项团队运动，赛场上靠的不是个人的能力而是团队的战术配合。士气不好的时候，更要信任自己的队友，鼓励自己的队友，更应该认真思考如何更好地合作，不是吗？"母亲的话走进了我心里，她给了我平复情绪的时间，然后对我的行为表示了理解，并且认真地给我讲解关于合作的道理，引导我更深层次地思考。

对比父亲和母亲的交流方式，可以明显发现父亲在交流时把我们团队合作差劲与对方的完美配合进行对比，并运用了很多否定词来批评我不懂得合作的行为，同时我们交流时的情绪都不太好；而母亲在我们彼此都有较为良好情绪的背景下，告诉我怎么样促进合作才是正确的，留给我思考的余地。由此可以发现，教导孩子合作的过程中，语言技巧和具体交流的内容都十分重要。

其实，就像父母与子女交流时要控制好情绪，减少比较式教育，少一些负面否定词一样，我们在与人合作时，不也应该是这样吗？每个个体都是不一样的，我们没有必要总盯着一个人的短处不放，要想发挥出团队的最大效率，更应该让每个人的长处都最大限度地发挥出来，当我们表现出尊重和真诚，也就能赢得合作与竞争。

在母亲的积极教导之下，我真正了解到了合作与团队的重要性，

学霸说

少些情绪，少些比较，少些否定，可以让父母和我们的沟通更顺畅。同样，在比赛和社会活动中，这样的做法也可以让我们更好地和旁人合作。

个人的力量始终是单薄的,团队的凝聚力能带来巨大的功效,实现一加一大于二的效果。我也懂得了怎么样才能与人很好地合作,合作中要建立好信任机制,多点包容,多鼓励,以此增加凝聚力。

父母对孩子合作意识的培养建立需要一个长期引导的过程,掌握语言交流的技巧很重要。从父母对我的教育过程中,我学习到了故事教育法和有效的沟通在引导孩子形成合作意识中的重要性。教育方法是多样性的,还有更多的有效的教育方式等待我们去积极探索。

★有效语言词典★

囚徒困境是指被捕的两个囚徒之间明明合作就可以获得双赢的最佳利益,但是因为资讯不明或各方的自身利益考虑,能达成合作的可能性也是非常小的。

第30篇 手记

> 不吼不叫,有些叛逆需要冷处理

孩子叛逆,杜绝唠叨不停,给彼此冷静的空间,自然而然会化解矛盾。

> 孩子的每一个叛逆期都具有非凡的升华意义。但对于家长来说，如果不了解这个阶段孩子的行为和心理，无法准确解读他们各种看似"叛逆"言行的密码，往往就会陷入一种不知所措的状态中，甚至常常会方寸大乱。
>
> 进入叛逆期的孩子不愿再向父母敞开心扉，常把父母的关心和关切划归为"粗暴干涉"，而家长常常不能接受孩子的这种转变，因此急于解释、规劝，甚至不惜动用暴力手段，希望能以雷霆手段起到扭转局面的效果，但往往家长手段越高压，孩子越反弹，有时会发展到不可收拾的激烈对抗……
>
> 应该如何避免发生类似状况呢？家长应该如何看待孩子的叛逆？面对孩子的叛逆，家长应该采取何种态度和言行以应对？这都需要基于父母深入理解孩子前提下的艺术化教育智慧来化解。

学霸成长手记

马开颜　高考总分：703
毕业于河北省衡水中学
现就读于北京大学医学部

　　站在现在往回看，在我的青春成长中大概出现了两次叛逆期，一次是小升初的过渡阶段，一次是高中一年级。

　　小学阶段的生活大都是欢乐的，充满阳光的。在度过了一段快乐的无忧无虑的童年时光后，我和我的同学们都升到了高年级学习，转眼就面临着小学升初中的转折。

　　虽然我的成绩一直都名列前茅，但妈妈和爸爸，尤其是妈妈，并没有因此放松对我的要求，还是像以前一样紧盯我的学习和作业不放。大概是因为长大了，**我对妈妈的唠叨变得越来越不耐烦**。有时候，妈妈还没说完，我就听不下去了，因为我觉得"来回就那些

②有效语言的力量

话",我的耳朵都起茧子了。比如,什么"书山有路勤为径,学海无涯苦作舟",什么"早起的鸟儿有食吃""学如逆水行舟不进则退"之类,颇有些唐僧念紧箍咒的效用。这些话从小听到大,以前没觉得有什么,但那时就很不愿意听,因此对妈妈的态度也不好。据妈妈说,当时的我说话很冲,特别爱顶撞人,一句话就能让她气上半天,有些话让她很伤心。

小时候的我是很乖的,但在小升初那段时间,与父母总是频繁冲突,为了帮我"扭过来这个劲",他们没少操心,可谓是软硬兼施,有时,为了达到有效沟通的效果,两人轮流上阵,一唱一和上演一出出"苦肉计"。

现在想来,当时我的心智各方面正慢慢趋向成熟,自认为已经不是那个三言两语就能被说服的小孩子了,有些事也不需要他们重

心理学博士指导小记

一味地说教非但收不到好的效果,甚至会激起孩子的逆反心理。

复提醒，而爸爸妈妈还在用教育小孩子的老一套，所以，大多数时候，我都是左耳进右耳出。

他们有时恨不能使出浑身解数，每每说得口干舌燥。看到他们这么辛苦，在某一个瞬间，我也会觉得自己做得有点过分，不应该辜负他们的一片良苦用心。

其实，我后来有认真反思梳理过当时的心理活动。表面上，我在言行上与妈妈对抗、顶嘴，不再愿意接受他们的教导和安排，甚至为了反驳而反驳，**但在内心深处，我深知爸爸妈妈多年来对我教育上的付出，也明白爸爸妈妈对我的殷切期待**。

之所以会以一种极端的方式抗拒妈妈的管教，大概是为了证明自己已经长大，应该享有自己做决定，为自己负责的权利，但当时妈妈和爸爸忙于工作，可能没有及时察觉到我的这种变化和需求。不过，经过几次激烈冲突之后，妈妈终于意识到了"孩子已经长大"的实际情况，在与我沟通重要事情时，不再像以前那样直接下命令，而是像朋友一样，先询问我的意见，在了解尊重我的意见的基础上，再提出他们的想法，并且由我来做最后的选择和决定。正是这种沟通方式的改变，帮助我平稳地度过了第一个青春的叛逆期。

站在现在反思过去，如果妈妈当时没能及时改换策略，还是延续原先的强硬的权威式的教育路线，结果可能

> 心理学博士指导小记
>
> 转换沟通策略，给予"可参考、借鉴"的意见而不是"强制接受"的意见，充分保障孩子的选择权。选择包含了孩子的自主性和控制感，而这与幸福的体验感息息相关。

②有效语言的力量　　111

会让我在叛逆和对抗的路上越走越远。

第二个叛逆期让我尤其印象深刻。还记得那是刚上高一的冬天，雪下得特别厚，教学楼的露天走廊上结满了冰，我穿着厚厚的冬衣站在瑟瑟的寒风里，跟班主任说出了我埋在心底很久的话——**"我想退学去打工！"** 当时班主任惊讶的表情，与我沉重的心情互相映照。

产生"退学"的想法是有一个过程的。升到高中后，班里的同学都是新面孔，老师也都是新老师，我突然感到了莫大的孤独，在教室的一个角落里，我感觉自己被遗弃了。曾经一些要好的初中同学，有一些被分到其他班，有几个已经走入社会参加工作。在一种无助和茫然中，我对学习渐渐生出些厌倦感，有时会怀疑学习的意义是什么，心想还不如去参加工作来得实在。

这种苦闷无处言说，爸爸妈妈整日忙于工作，也没能发现我的状况。直到第一学期期末考试后的家长会，爸爸从班主任那里才了解到了我在学校的情况：入学半年，没有交过作业，上课很少积极回答老师的提问，成绩下滑严重。

不知道班主任有没有跟爸爸说起过我想退学的事。我只记得，在开完家长会的那个下午，爸爸陪我走了很长的一段路。爸爸只是默默地走着，一句话也没说，<u>爸爸越不说话，我就越忐忑不安，原先的防御心理和对抗情绪正在一点点地慢慢瓦解</u>，爸爸在前面走着，我在后面慢吞吞地跟着，望着爸爸脚步沉重的背影，那一刻，我似乎意识到了自己的荒唐。

> **心理学博士指导小记**
>
> 通过正强化、负强化，能够增加我们想要得到的行为。而另一个能够减少行为的有效原则是消退，这有些类似我们生活中常说的冷处理。
>
> 但是家长需要注意，冷处理不代表忽视和放任，要在充分了解孩子个性的情况下实施。

爸爸跟我聊起了他上学时候的事情，他说："当年，有那么一段时间，爸爸也像你一样，不把学习当回事，把本来应该认真读书的大好时光都荒废了，现在，我非常后悔……"

爸爸讲着他的过去，我没有说话，默默地听着。后来，爸爸真诚地看着我说："所以，我希望在这人生的关键时刻，你能慎重考虑，把握住这宝贵的学习时光……"这种平等坦诚的氛围，让我对亲爱的爸爸敞开了心扉，我也说起了进入高中后对新环境的不适应、没有朋友的孤独和迷茫。爸爸一直静静地听着，我也不知道他到底在想什么，**但因为自己已经倒出了苦闷，我的心里却渐渐地轻松了起来。**

第二天，爸爸没有逼我去上学，而是带我去了他工作的办公室。整个上午，他都在忙个不停，那一刻，我对"成年人的世界，没有'容易'二字"有了更直观的认识。吃饭时，爸爸问我，"是不是跟

②有效语言的力量　　113

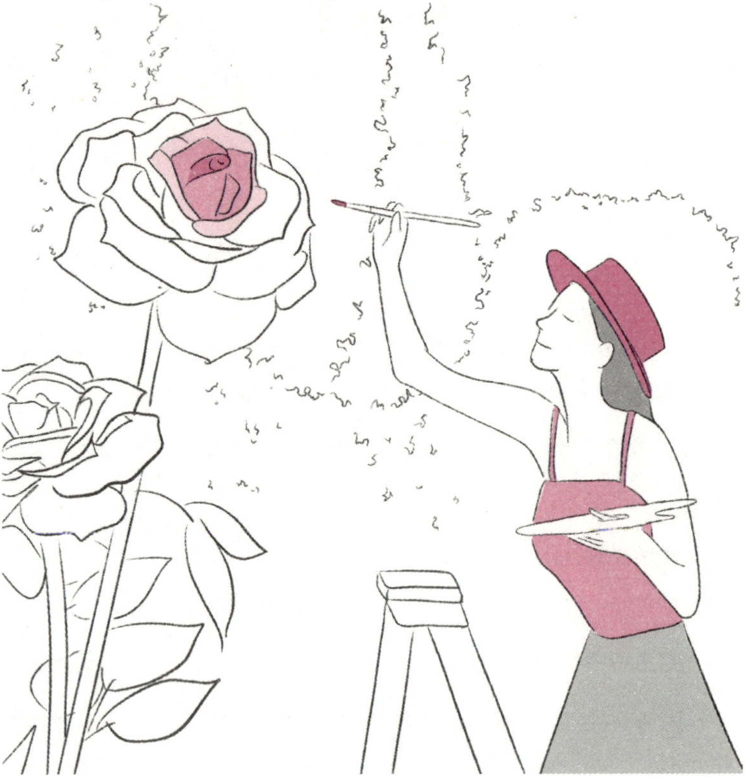

你想象中的不一样？"我说："的确不一样。""说说你的打算？""我想……还是先把学习搞好吧。"后来，爸爸跟妈妈开玩笑："你儿子是在实地参观体验了我工作的辛苦之后，才找到了方向，下定决心读书的。"

学霸说
爸爸不吼不叫，却用自己的身体力行，深深地触动了我。

爸爸说得没错。爸爸默默陪我走过的那一段路让我明白，人在什么时间就要干什么事，在该学习的年龄就应该全力投入学习。正如麦金西所说"时间是世界上一切成就的土壤。时间给空想者痛苦，给创造者幸福。"爸爸带我去他工作的地方参观，让我明白，唯有把握住这可贵的学习时光，我才能在将来投入工作时创造出最大的价值，为社会做出更大的贡献。

刚升入高中，面对一个全新的环境，难免会感到孤独和无助，如果出现了这种不适应的情况，应该及时求助老师或家长。感谢爸爸对我的尊重、对我的理解和倾听，让我的苦恼有了出口，更感谢爸爸给予我和风细雨式的引导，帮我及时走出迷茫，重新找到奋斗的方向。

总有一种力量，让我们奋勇向前。今天，我行走在大学的校园里，明媚的阳光从树缝中漏到大地上，投下一片片斑驳璀璨的光影，多么像摆在我面前的人生画卷啊！而我知道，无论我走向何方，脚迹行至多远，只要我需要，爸爸妈妈都会给予我最坚定最真诚的支撑。

★ 有效语言词典 ★

消退是指已经形成的行为反应由于不再受到强化，强度趋弱乃至消失。当孩子出现不良的行为时，不直接对抗和激化矛盾，而是暂时置之不理，孩子的不良行为得不到关注，久而久之就会消失。

第31篇
手记

父母如何与孩子谈青春期的秘密

孩子面对青春期身体上、心理上的变化会感到无助，这个时候，父母的关注与正确引导能帮孩子化解无助与羞怯。

> 孩子在十二三岁,甚至更早一些时候步入青春期后,身体状态和思想观点都会发生很大的变化。但孩子们并没有处理青春期情绪、生理、感情变化的经验。他们或许因为情绪不稳定而苦恼,或许因为第二性征的发育而感到羞耻尴尬,或许在情窦初开的暗恋里无法自拔。
>
> 这时候孩子无疑需要家长的帮助。但此时的家长或是不能感同身受,早已忘记自己在孩子这个年纪时的心情和困境;或是感到尴尬,不知道如何与孩子谈论她(他)正在经历的生理变化及一些性常识相关的东西;更或者只简单粗暴地利用家长的权威,强压孩子探寻的念头,更加激化亲子矛盾。
>
> 每个孩子都会经历兵荒马乱的青春期,那么,家长究竟要如何正确与孩子沟通,用自己的阅历和经验帮助孩子应对青春期各种问题,顺顺利利地成长呢?

学霸成长手记

张敏　高考总分：**676**
毕业于四川省宜宾市第六中学
现就读于清华大学新闻与传播学院

  六年级是我青春期第二性征发育的开端。胸部的发育，以及后来的月经初潮，还是挺让我这个无知的小学生惊恐的。怕男同学拿我开玩笑，我只好走路含胸驼背，尽量隐藏起来。由于我驼背太明显，妈妈很快就看出来我走路的姿势不对。

  她大概猜到了原因，便马上采取了行动，直接给我买了很漂亮的"小背心"。我之前其实已经通过同龄人知道了这种内衣的用途。但我因为羞于向妈妈提起更不好意思自己去挑选，所以一直都没有穿过。妈妈笑着送给我，还问我知道这是什么吗？我不服气地说："当然知道了。"妈妈笑了，我有些尴尬，但最后新鲜感还是战胜了我的羞怯。在我试穿的时候，妈妈跟我讲她小的时候，外婆也是这样为她准备的，这是每个女孩都会经历的过程，同样的，男孩也会遭遇一些身体的变化，比如长胡子、变声、长痘痘等。我们完全不需要为此羞怯，这都是青春期的孩子成长的标志；我们也没有必要为自己的外貌烦恼，接纳自己才能保证我们健康的心理。

那次她还提到自己第一次月经初潮时的慌乱，然后告诉我，不久后的我应该也会迎来自己的这一天，她会帮我提前做好准备，不要担心。她还讲到自己的应对方式，怎么好好照顾自己。果然，那年夏天的月经初潮如约而至，但因为我事先没有什么感觉，而且那两天因为天热经常偷吃雪糕，造成了挺厉害的痛经。我毕竟还是有些心慌的，所以情绪不太好，还哭了一鼻子。妈妈没有责骂我偷吃雪糕的事情，还给痛得要打滚的我熬了红糖姜茶，这让我的情绪渐

心理学博士指导小记

　　青春期是少年身心变化无比巨大的阶段。进入青春期，脱离了儿童期稚嫩的身体，生理方面逐渐成熟并接近成人。一般来说，早熟对男孩更有利，他们强壮、有力，通常更受欢迎也更自信，更容易成为团体中的领导者；然而，早熟对女孩更不利，与同龄女孩子的发育不同步，可能会遭受更多的讥讽与骚扰。家长要结合孩子的情况，关注青春期阶段孩子的心理与生理变化。孩子面对青春期身体上的种种变化，可能会感到羞怯、困惑，需要家长的及时疏导与充分的性教育。

渐地平复了下来。

妈妈告诉我，现在我的身体正在发生一系列的变化，但是发育过程有早有晚，不要因为一些不必要的烦恼让自己过分困扰，有问题也不要憋心里，随时都可以找她聊聊，如果觉得不好意思向她问起，多跟朋友们聊聊也没有关系。但是她特别向我强调，**我是女孩，保护自己很重要**。她甚至会偶尔有意无意地跟我讲起哪里哪里发生了某种性暴力案件，其实我知道她是希望我能引以为鉴，避免自己受到不必要的伤害。<u>直到现在，每当我回想起这些还觉得很温暖</u>。

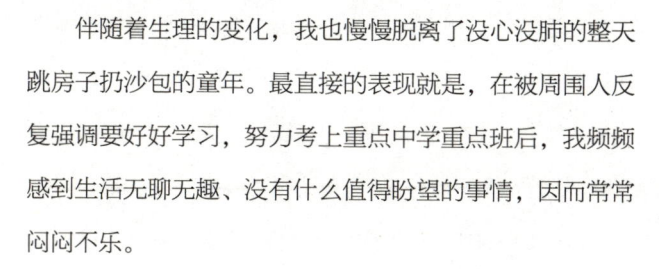

伴随着生理的变化，我也慢慢脱离了没心没肺的整天跳房子扔沙包的童年。最直接的表现就是，在被周围人反复强调要好好学习，努力考上重点中学重点班后，我频频感到生活无聊无趣、没有什么值得盼望的事情，因而常常闷闷不乐。

爸妈问我怎么了，我也不想说，甚至还很烦躁地叫他们别管我。有时，我也会下决心好好学习，但又会想到，考上了之后又能怎么样呢？求学之路既能一眼望到头，又充满了未知与迷茫，大人们口中的清华北大更是遥不可及。

现在回头来看，这是我进入青春期，第一次承受来自前途的压力。**我考虑的事情开始变多变广，但却没有目**

> 学霸说
> 妈妈对我的提前引导，让我对青春期的身体变化不再恐慌。

②有效语言的力量　　121

标和信心,致使我对未来和人生充满了深深的迷茫。当时的我并没有能力去处理这种压力,加上青春期的"快乐激素"——5-羟色胺和多巴胺激素水平的降低,内外因素造成了我非常严重的情绪波动。心情起起伏伏,成绩也因此受连累,从每科90多分到每科80多分,甚至还有一次数学考了70多分。那段时间里,妈妈没少被班主任"传唤",她对我这种反常行为、反常情绪感到莫名其妙又生气。她越骂我,我越烦躁,每天都黑着脸不愿和她说话,有时间就把自己关在房间里发呆、流泪。这样黑暗、叛逆的日子持续了将近两个月。

在我即将参加小升初考试的那个生日,妈妈格外隆重地给我张罗了一场生日晚餐。六年级的我毕竟还是个小孩——哪有小孩能拒绝甜甜的蛋糕呢?<u>受到妈妈的"隆重招待"之后,我心情一反常态地好了很多。</u>

妈妈趁热打铁亮出了她的"真实意图",很认真地问我为什么最近不太高兴。我叹口气,告诉她,我很担心考不上重点中学。妈妈想了想,告诉我,要我相信她,根据她的经验,以我的基础,只要有计划地努力,一定能考上她教书的那所重点中学。"**你愿不愿意让妈妈帮你订个计划,天天坚持?** 相信妈妈,只要你遵照这个计划,就完全不用担心结果。"我听了之后,突然又不耐烦了,抱怨道:"我也不知道初中、高中是什么样子的,六年那么久,

> **学霸说**
> 青春期的我,情绪说来就来,妈妈会不解、生气,但也会小心呵护我的情绪,精心准备惊喜,只为了能引导我重回正轨。

什么时候才能上完啊?你们老让我考清华北大,难得要命,怎么才能考上?考上又能怎么样呢?"妈妈沉默了好久,最后,她叹口气说:"是啊,妈妈也许想得太远了。你的人生,以后肯定还是看你的选择,咱们先不考虑那么远,你也别想那么多,我们一起把小升初这一关过了,以后的路会一步一步变清晰的。"

我突然觉得有点惭愧了——她是那么用心地帮我准备生日,我却冲她大吼大叫。所以,后来妈妈招呼我一起收拾餐桌,一起制订语、数、英的复习计划,我都没有再多说什么。有了妈妈每天的监督和明确的计划,我终于没有那么焦虑了,状态一点一点地回来,成绩一点一点地进步,后来也顺利考入了那所重点中学。

谈起青春期,永远逃不开"早恋"这根高压线,即使是清北学生也不例外。现在,作为一个大学生,我不难认识到"爱情"是个

学霸说
　　当我和妈妈产生激烈冲突的时候,妈妈用以退为进的方式避免了矛盾再升级。

②有效语言的力量　　123

> **心理学博士指导小记**
>
> 面对孩子在青春期的性冲动,家长采用智慧的方式应对,不会去横加指责或者无情羞辱,而是作为一种很正常的少女情思看待。

美好但不轻松的话题,但刚进入青春期的孩子阅历不够,况且对一个十几岁的孩子来说,前途变数很大,这个时期实在不适合,也很难步入稳定的爱情中。正因为这些,家长老师才会把"早恋"当成一条高压线。但是,青春期的喜欢又那么纯粹美好,如何教孩子对待这份感情,成了家长心中一个很头疼的问题。

我第一次有喜欢的人是在七年级。我是典型的白羊座性格,不仅"爱得轰轰烈烈",还藏不住事情。我印象中的妈妈一直是开明的,所以也就自然地认为,妈妈不会管我,很久之后,我才知道妈妈当时有多担心。

七年级寒假,临近除夕的一天,妈妈把爸爸撇在家里,特意只带了我去超市采买年货。正当我为一年一度的"零食自由"高兴的时候,妈妈一脸好奇地问我:"妞妞,你喜欢的那个男生是什么样的人?"冷不防遭到妈妈的"直球攻击",我在尴尬和担心被责骂的五味杂陈中一下子涨红了脸,沉默了半天,说了一句:"学习和我差不多……"没想到,妈妈听了很开心,笑了起来:"<u>学习和你一样,那好啊!肯定也是个优秀的孩子。</u>那你们平时都聊些什么呀?""没什么,就是瞎聊。""嗯嗯,但是妈妈要提醒一下哈,**你们马上就要14岁了**,有些事情,爸爸妈妈不可能事事过问,当然,你也不可能事事跟我们汇报,但是**妈妈希望你能对自己的行为负责**。知道什么该做，什么不该做。现在你们才上初中，能给我说说以后你的打算吗？"我在没有被骂的宽慰里，大大地舒了一口气，于是和妈妈有一搭没一搭地聊开了，在她的引导下，我居然就想到了以后：我和他八九年级还能一班吗？能上一个高中吗？我想考全国最好的学校，现在这样大张旗鼓地谈恋爱，对于我的愿望有什么影响呢？

　　慢慢地，我的感情淡了下来，其实，更加理智地说，是我意识到青春期的这种感觉，只是我们更渴望两性间有情感交流或是心理的接触而已，"恋爱"只是我们交流的一种方式。加上妈妈在硬件条件上大力支持我发展弹吉他、骑山地车等爱好（后来她说这是为了帮我转移注意力），我渐渐也不再沉迷于这段经历了。很感谢妈妈没有劈头盖脸一顿骂，而是站在我的角度引导我走出迷局，妈妈抓住我最在乎的事情（要考全国最好的大学的梦想），告诉我要对感情负

心理学博士指导小记

　　如文中所说，青春期的孩子对异性存在好奇心，想要接触和了解。家长提醒孩子在现阶段有着重要的目标，发展孩子的兴趣爱好，向一些有益于身心发展的健康活动转移精力。

②有效语言的力量

责任的爱情道理。

青春期，总有那么一些小秘密，或是心灵的空虚，或是恋爱的甜蜜，但是这些却也让我们难于向父母启齿。感谢妈妈用自己的人生阅历，帮我化解了那么多的尴尬瞬间；感谢她用春风化雨的语言，尊重我的独立、让我与自己和解。就这样，美好又"危机"四伏的青春期竟然不知不觉渐渐远去了。

★ **有效语言词典** ★

青春期，是由孩童到成人的一个过渡阶段，个体因为遗传、运动、营养等的不同，进入青春期的年龄也是不同的，一般女孩10~18岁，男孩稍晚些。在此期间，青少年都会经历身体和心理上的发展和转变。

第32篇 手记

孩子需要话语权，家长需要沉默权

尊重孩子的独立和自我表达意识。

> 我明明是为孩子好，他怎么不愿意听？这也许是面临孩子青春期叛逆时，许多家长百思不得其解的问题。孩子在牙牙学语的时候，多喜欢缠着父母咿咿呀呀地讲些古灵精怪的可爱话语，为什么越到后来，我们和孩子的关系渐渐变得或是无话可说，或是硝烟弥漫了呢？顺畅的亲子沟通应该如何进行？成长阶段的孩子有哪些倾诉欲，身为家长应该如何保护与鼓励呢？

学霸成长手记

徐丽博 高考总分：627
毕业于黑龙江省穆棱市第一中学
现就读于北京大学外国语学院

  从我自己的成长过程来看，我认为孩子的话语权可以分为三个阶段：自由表达、自由思想和自由决定。经历了我和爸爸20多年的斗智斗勇，在我爸的尊重下，我很高兴自己能够顺畅地走完这三个阶段。

  父母深爱着自己的孩子，但是能够十几年如一日地认真倾听孩子童言稚语的爸爸妈妈是不多见的。我爸爸就有这种能力。我从幼儿园开始就是一个语言表达能力欠佳的小话痨，说话结结巴巴、语气词特别多，据我表姐说，听我小时候说话特别费劲。但是我就是喜欢学话、转述，在学校里谁不会上厕所、谁的小手绢是什么样，我都很喜欢跟我爸讲。在我讲的时候，爸爸总是会做别的事情，一副对我爱答不理的样子，幼儿园的时候没有在意，到了小学时，自我意识逐渐萌生，某天突然感觉自己说话他没有在听，于是我就停止叙述问爸爸："老爹，你知道我刚才在说什么吗？""你和同桌上课说话，被老师从后门玻璃看到，结果你被罚站了。"我爸继续忙活自己的事情，头也没抬地回答道。哈哈哈！分毫不差！之后我总是会突然停下考考他，我爸都能回答我。<u>虽然爸爸很少对我的话痨有回应，但他从来不会打断我。</u>虽然看上去对我的话漫不经心，但之后我发现他总能从话中判断出我的学习和心理状态。感觉在家里，我是被看到的、尊重的、爱护的。**爸爸虽沉默但积极的倾听态度让我在家庭和课堂上都敢于表达和发言。**

从小学开始，我就特别喜欢跟着爸爸看凤凰新闻，从《凤凰早

心理学博士指导小记

有时候家长的倾听比话语更有力量。我们都有这样的体会，如果家长能够专注倾听而不横加指责，我们会更愿意信任对方并且进一步袒露自己的心声；反之，我们会感到家长根本就不关注我们所说的内容，反倒有满肚子话想说教，或是想训诫我们一顿。

班车》到《军情观察室》,我都能和老爸看得津津有味。到了初中,我们经常就一个时政新闻各自阐述自己的观点。因为社会阅历浅薄、视角不够成熟,我的有些观点和论断现在想来稍显偏激,但是**老爸从来不会不分青红皂白地加以否定,而是循序渐进地帮助我整理思路**:"那你说的这些话,它们的中心观点是什么呢?""你这样推测有什么事实依据呢?"……爸爸虽然话语不多,但总能够逐渐帮助我建立起思考、分析问题的思路,摆脱钻进牛角尖里出不来的误区,完善我看问题的角度。现在想来,我高中觉得文科和自己的脑子特别"对路子",大概与这种思维方式的形成是密切相关的。

按照爸爸的说法,我是被他"揣在兜里长大的孩子"——无论走到哪里,爸爸就会把我带到哪里。开拓我眼界的同时,我爸也能够时时刻刻对我进行观察。在形成一套自己看问题的方式之后,我像每一个孩子一样,渴望能够自由独立地做决定。

我离开家乡,刚刚来到大学之后,爸爸没有办法时时刻刻陪伴我,所以**他非常担心我会误入歧途**。那段时间,我们在沟通的时候,他总会用一些强硬的字眼要求我做什么事情,我当时非常郁闷,**感觉自己就像一个被老爸在千里之外远程遥控的机器人一样**,活脱脱成了他意志的执行者。于是我们大吵了一架。

经历了一周的冷静,我再次和老爸联系,发现他有了非常大的改变:在我发表与他价值观不相符的言论时,他能够不打断,耐心地听我说完;如果遇到我说了难以辩驳的话,他会心平气和地表示虽然和我观点不同,但是他不会武断地评价谁对谁错,他会保留意

> **学霸说**
> 空间距离虽然变远了，但心灵的距离反而变近了。爸爸的改变，让我感受到了尊重和温暖。

见，搁置争议。之后我尝试做完决定后再向他汇报，惊讶地发现老爸接受了这种"先斩后奏"的模式，并且会站在我的角度帮我分析利弊，而非蛮横地告诉我应该怎样做。经历了大一初期的磨合，我和老爸虽然相隔千里，但是一直没有变得疏远的感觉。因为我能感受到爸爸为我做出的改变、对作为成年子女的我的尊重和爱护。

很久之后，我谈起对爸爸的感激，他则意味深长地说："我能做的就是用我比你多出的几十年的经验给你提供借鉴，但人生毕竟要你自己走过，我不能事事都替你做决定，和而不同，你才不会做我的影子。我希望你能够走出我的影响，找到自己思想的落脚点。"现在想来，我的眼眶还会发热，所以我从来不会向他隐瞒我的观点和决定，因为我知道，回复我的不会是专制的否定，而都是慈爱的帮助。

刚上大学的一段时间，我会接一些兼职，有不少和家长打交道的机会。在观察父母和子女互动的过程中，我发现会出现这三种有趣的场面。

第一种：亲子抬杠。有的爸爸妈妈火气比较旺盛，小孩子则比较顽皮，基本上孩子说什么，父母就要杠上一句，最后亲子之间的谈话总是以孩子被数落一通告终，小朋友就像一只萎靡的小公鸡垂头丧气。很多时候家长的教训超出了教导的范畴，是纯粹的情绪发泄。如果每次在孩子想要倾诉的时候，家长都像炮仗一样一点就炸，长此以往，孩子必定会丧失沟通的信心，与他人沟通的时候也很难把握住话语权。

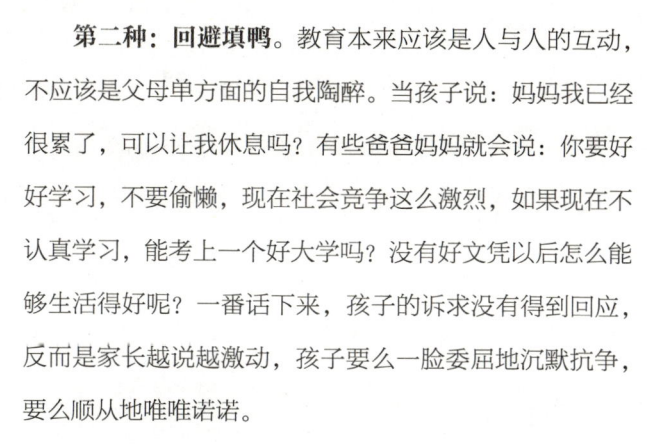

第二种：**回避填鸭**。教育本来应该是人与人的互动，不应该是父母单方面的自我陶醉。当孩子说：妈妈我已经很累了，可以让我休息吗？有些爸爸妈妈就会说：你要好好学习，不要偷懒，现在社会竞争这么激烈，如果现在不认真学习，能考上一个好大学吗？没有好文凭以后怎么能够生活得好呢？一番话下来，孩子的诉求没有得到回应，反而是家长越说越激动，孩子要么一脸委屈地沉默抗争，要么顺从地唯唯诺诺。

第三种：**脱缰放任**。相信这种场景出现之前，亲子之间早已经历了一场旷日持久的僵持战争，双方都身心俱疲。爸爸妈妈干脆大手一挥：不听我的，你爱怎样就怎样吧，我不管你了。小朋友往往是涕泪纵横却一脸倔强。

这三种情况都不是我们乐于见到的。我想，之所以会出现这三种情况，原因之一可能在于许多家长没能够意识到孩子表达的诉求，或是用多而密的话堵住了孩子的嘴，或是用消极的话语打击孩子的表达积极性。我在成长过程中，对于爸爸的话总是非常信服，因为爸爸总能智慧地使用沉默权，让我充分表达，我行使话语权表达的内容都是爸爸了解观察我的绝佳素材，并且爸爸还能够在此基础上

心理学博士指导小记

倾听亦是心理咨询的关键技术之一。在倾听时，不仅要用耳朵听，还要用「身体」听。家长要注意姿态放松、开放，身体略微倾向孩子，保证目光接触，都会让孩子感受到家长的支持与陪伴。

调整教育策略，然后简短地使用话语权和执行能力，一旦提出要求，必定是一针见血地鼓励我发扬优点，干脆利落地帮我修正缺点。

> ★ **有效语言词典** ★
>
> 　　倾听，字面意思就是用耳朵接收信息，但作为心理学上一种有效的沟通方式，其实是通过听的方式，能更好地和倾诉者达到情感互通，帮助倾诉者进行疗愈。

"

"

第33篇 手记

高情商的家长这样处理亲子分歧

适当给孩子自由、相对宽松的管教方法对处理分歧十分有效。

> 在每一个家庭中,在每一个孩子的成长过程中,都会与父母产生形形色色的矛盾。孩子想要在乡野田地中撒欢,父母却希望他在书山题海中遨游;孩子想要更新更快的手机电脑,家长却想要更好更高的成绩排名;孩子有活泼好动的开朗,家长却更想要文静内敛的温雅。
>
> 面对种种矛盾,种种分歧,若是耐心沟通,会不会让孩子越发恣肆;若是从严管教,又会不会破坏家庭关系,在两代人之间建起高墙?
>
> 良好的沟通技巧和心理状态,在与孩子解决分歧与矛盾的过程中,拥有无可替代的重要地位。而这些心态与技巧,便是互相尊重,换位思考,给孩子一些自主选择和独立思考的空间和时间。

学霸成长手记

王廷骥　高考总分：**700**
毕业于河北省衡水第一中学
现就读于北京大学工学院

在成长过程中，父母给我的最大感受，就是随和与耐心。无论我与他们发生怎样的矛盾，产生怎样的分歧，他们都会与我耐心交流，给我思考的空间和改正的机会。

从小，**我家的氛围就一直是较为宽松的**，这种宽松主要体现在他们与我的交流方式上。与许多父母一样，他们对我也有很严的要求和很高的期待，但他们并不采取严厉的教育方式。当我反对父母的这种严格时，他们会用"那你觉得应该怎么办？"代替"你是不是欠揍了？"当我讨厌父母干涉我的生活时，他们会用"可以给你一些自由，但你不能越界。"代替"你必须听我的！"常有家长会和

> **学霸说**
>
> 我的父母情商颇高，同样的一句话，用巧妙的方式说出来，就会将无情指责变得和煦温暖。能成长在这样的环境中，我大部分时间都是积极快乐的。

别人这样评价自己的孩子"就是什么都做不好，干啥啥不行。"哪怕孩子在场也不会避讳，甚至会用更重的语气，仿佛孩子注定不成大器，难堪重任。这样的否定，不但不能让孩子心悦诚服，反而会带来叛逆、自卑和矛盾。我的父母常说"其实他啥都能干好，就是不努力、不用心。"这样一句话，既批评了我的现状，又给我鞭策和方向，我从不会用"注定""命"这样的说辞逃避学习。说教和打骂不一定能增强孩子的思考能力和行为能力，也不一定能让他拥有一个健全的人格，说教和打骂只能让孩子走向听话和叛逆两个极端。

具体回想起来，最明显的是我的高三。受到社会因素的影响，在学习最紧张的关头，学校通知我们长期居家学习，这使我与父母的关系不断恶化。父母希望我把时间全部投入在学习上，我却想有更多休息的时间；父母认为我在消极怠工消磨时间，我却认为自己已经在全身投入用心学习；父母希望我能遵守学校的规定，更加自律，我却认为他们不能理解我的努力，也不了解我的习惯。我们的分歧就这样在这一个假期中积攒起来。我满怀信心地认为自己能够处理好学习和生活上的事情，同时也对父母的建议嗤之以鼻。

面对我们之间的剑拔弩张，爸爸最终退后了一步，他说："如果换作是我，已经学完了所有的知识，有了一个

138　家庭教育的秘密　来自清华北大的 36 篇教养手记

充足的假期，面对着马上的一场大考，肯定也想有一份自主安排的计划，不管是在身体层面还是在学习层面，也更想让自己能有一个查漏补缺的机会。这样也好，你自己安排学习和生活，也许能让自己有一个更好的临考状态。"

　　面对我的抵触心理，爸爸说："学习是为了自己，你所做的一切都只会对你造成影响。"当我要求拥有更多自由时，爸爸说："<u>我们允许你安排自己的时间，寻找适合自己的方法，可以给你足够的时间，不干涉你的学习，但你最终要拿出成绩，证明你是对的。</u>"爸爸的做法，在很大程度上让我感受到了理解和信任。

　　而我自己在真正没有父母干涉后却发现，我的想法过于简单。没有了父母的催促，我变得日益懒散，学习计划也根本不能按期完成，每天晚上躺在床上回顾一下，满满的都是后悔与自责，但是第

学霸说

　　爸爸换位思考，给我试错的机会，比强硬地坚持更能让我及早地接受现实，承认错误。爸爸给我自由，但是也对我提出了要求。这让我既欣喜又感觉到有压力，当然，有压力才有动力。

②有效语言的力量

二天仍然如是。在这时，我开始怀念起父母严加管教的日子，在事实面前，我不得不回头承认错误，我确实还没有养成自律的好习惯。**换位思考，我也明白了父母当初为什么那么激烈地反对我的行为。**

我重新向妈妈提出当我不在状态时想让她适当提醒的建议，妈妈并没有对我冷嘲热讽，而是理解地表示同意。这时候的我，也更想通过自己的努力来证明自己的能力，所以我变得更有紧迫感，更对自己负责，渐渐地，我自身的状态以及与父母之间的状态都有了改善。是父母主动的"权力下放"让我萌生了更强的内生动力，在提高了自己学习能力和独立生活能力的同时，我也更加能够理解父母，尊重父母。

当然，处理分歧也需要善于运用一些交流技巧。 在假期中，我的父母通常"一个红脸一个白脸"，譬如我不愿学习的时候，母亲会直接要求我"去看书吧！"，而父亲却是"不急，多歇歇"。当因为一些事情与父亲发生争吵时，"别不高兴了，出来吃点东西吧！"母亲简单的一句话，就能让我很快破冰。

"甲之蜜糖，乙之砒霜"。<u>许多家长习惯于将自己认为正确的事物强加在孩子身上，却不考虑孩子能否认同自己的观点，一旦孩子表达了怀疑和反抗，便会演变成惩罚与争执。</u>这对孩子的思考能力、探索精神和心理健康，无疑

心理学博士指导小记

观点采择是与心智理论有共通点但不同的另一个发展心理学的重要概念。而很多家长并不能很好地采择孩子的观点，体现为将自己的观点强加于孩子，盲目地笃信自己的观点和态度就一定是最好最正确的，忽视孩子的实际情况。

②有效语言的力量

都是不利的。现在，我则更能意识到我与父母之间交流方式的可贵之处。

我有时也会问自己，如果是我在他们的位置上，当两代人产生分歧，我能否做到像他们一样，能对孩子有足够的尊重，能设身处地从孩子的角度想问题，敢于给孩子足够的空间，相信他的能力，让他自己去思考和选择，能从心底对孩子产生认同。

诚然，每一个孩子都有不同的性格，但共同的是，每个人都会有自己独特的想法，并且想要去实践，去验证其可行性。作为孩子，我们与父母产生分歧的主要原因，都是我们希望自己的心声被人听到。我们其实更多的时候并不要求能从父母身上得到什么，仅仅是希望自己的意见能够得到尊重，得到试验和实践的机会。

因此，作为家长，给孩子一点空间、时间，让孩子自己去实践

心理学博士指导小记

在为孩子作出有效的决策之前，一定不能忽略进行认知与情感两方面的观点采择，既包括对观念意图的采择，也包括对情感态度的采择。

自己的理念，如若成功，孩子找寻到适合自己的道路最好；即使失败，孩子也能感受到父母的不可或缺，感受到父母的爱和不易。这种心态的形成，可能对于家长来说并不容易，因为父母已经习惯了对我们进行扶助，想要他们管住自己的心放孩子独立，其实是需要对孩子有足够的信心和耐心的，但正因此，才能让孩子感受到父母的尊重和信任，从而减少分歧与矛盾。

家长对孩子缺少尊重，无疑是在将孩子推开，在两代人之间建起隔阂的高墙，极易让两代人的关系陷入恶性循环。而于我自己，我毫不怀疑，是父母的尊重和给予我的自由，让我能够在对待别人时，拥有相当的耐心和尊重，能更好地理解别人。但同时，尊重也绝非放纵。所谓自由也只是相对自由。父母作为"引路人"的作用，不体现在处处约束、条条框框，而是为孩子划清界限，明确是非，在正确的范围内获取被尊重的权利。

在一个家庭中，分歧并不可怕，没有人的成长是一帆风顺的。而家长作为分歧中比较强势的一方，在分歧和矛盾依然可控的时候，建立与孩子的有效沟通，对孩子有足够的尊重，给孩子自主思考和选择的空间，往往能更好地厘清分歧所在，解决问题，也维护了两代人之间的良好关系。放下作为长辈的高高在上，将孩子视作有思想的"人"，才能让孩子拥有更加健全的人格。

> 心理学博士指导小记
>
> 的确，孩子无比希望自己的"观点"能够被父母所"采择"，而家长很容易为了孩子好而向孩子灌输一些自认为正确的内容。因此观点采择是家长和孩子的必修课，是每个人的必修课。

②有效语言的力量　　143

> **★有效语言词典★**
>
> 观点采择,就是将自己的观点与他人的观点既能区分又能协调的能力,用通俗的话来说就是换位思考的能力。如果说心智理论包括推断和预测他人心理状态的能力,那么观点采择强调的是理解他人看待问题的角度与自己存在差异,在判断他人的行为或者计划自己的行为时,要将其他人的观点考虑在内。

第34篇 手记

赞美过程能让孩子实现自我认同

父母要学会赞美,赞美是一门学问。

> 一次比赛，孩子获得了第一名，父亲高声赞美他表现不错；一次考试，孩子拿到了班级第一，母亲热情表扬他真厉害。这可能是父母的由衷之言，但是，这样的赞美除了给孩子一时的愉悦之外，能带来什么意外营养吗？不一定。
>
> 历史上，很多的"伤仲永"不是没给我们留下教训。孩子在盛誉之下，不思进取，不求上进的例子比比皆是。甚至在很多情况下，孩子获得了某个成绩之后，父母会很高兴，说："你做得真棒。""你真聪明，真有天赋。"那么，当孩子一旦失败，是不是就会归因于自己天资不行、聪明不够，进而产生不愿再继续努力的想法呢？
>
> 所以，赞美也需要一定的技巧。家长们在实际教育过程中，面临着种种难题：赞美什么？用什么方式？怎样让孩子不是为了获得赞美而努力，而是让他更有内驱力？

学霸成长手记

张小乔 高考总分：**673**
毕业于湖南省长沙市长郡中学
现就读于北京大学历史系

　　高中之前，我的学习成绩一直还是不错的，爸爸妈妈好像也没有过多关注过我的成绩，夸奖好像也有，但是都在我的记忆中模糊了。倒是经常听到同学的父母在夸奖自己的孩子，"你太棒了""孩子，你真是我们的骄傲"之类的。

　　的确，在父母赞美的语言中，我们能感受到他们满满的爱和期待，也能收获到巨大的信任和肯定。**但是赞美不应该只出现在孩子成功的时候，在孩子失意时，在面对挫折和困难的时候，父母赞美的语言更能帮我们重建自信，有勇气去迎接更大的挑战。**

　　记得刚进入高中时，学校组织了一次摸底考试。年级总共有1200多人，而我考了500多名！拿到考试成绩，我心里难过极了——这是我从来没有过的排名。可是无论我怎么努力，高一一整年，我的成绩仍然不上不下，维持在300名左右。

高二的时候，我下决心一定要有所突破。于是从第一个月开始，我就丝毫不敢懈怠，更加努力地学习，结果第二次月考成绩出来，我的排名竟然下降了！我承受不了如此巨大的打击，回家大哭了一场。我问妈妈："妈妈，我怎么学都学不好！人家轻轻松松就考到年级前100名，我是不是天生就比别人笨呀！我真的觉得自己太笨了。"

母亲坚定地说："孩子，你不笨。在妈妈眼里，你一直是一个勤奋、努力的孩子！"她走到我的书桌前，拿起了我的物理作业本，翻到一次拿了满分的作业上，然后她又拿起这次考试的物理试卷，指着其中一道对我说："妈妈刚刚看了你的试卷，你看这次作业，和

心理学博士指导小记

　　一些发展学家认为，不要赞美孩子与生俱来的特质。简单地用形容词贴标签，例如"漂亮""聪明"，这无益于提升孩子的积极性；要赞美孩子为达成目标所做的努力，处理问题时的思考角度和采用的方法，以及做事情过程中的行为细节。

这道考题有什么关系？"

我擦了擦眼泪，仔细地看了看两套题目。有一道题，作业中是对电磁学章节的专门训练，而试卷上有一道大题就是专门考电磁学的。我回答道："考试试题不就是考察的作业上训练的内容吗？"母亲赞许地点了点头，又说："这道题，不就是你上次苦思冥想的那个知识点吗？还记得你弄懂之后还高兴地和妈妈说起自己解决了一个大难题呢！那你看看作业的分数，和你考试的分数。"这个问题我瞬间就回答了："这两道题我都是满分！"

这次作业拿了满分我印象十分深刻，因为物理是我的薄弱科目，这是我为数不多的一次物理作业满分，也是我辛辛苦苦想了很长时间，反复思考、检查才拿到的分数。而考试的这道题目，我初见到时也是充满欣喜，印象深刻的。

母亲点点头，意味深长地说："都能得到满分，说明你一点都不比别人差，你完全有能力学好这方面的知识！这段时间，你一直在用心地补物理，妈妈都是看到了的，这道题正是告诉你，你的付出在哪里，你的收获就在哪里。考试是多方面的考验，而且一次的考试结果也说明不了什么问题。只要你平时好好做，不用怀疑自己，时间会给你回报的。妈妈也相信，通过努力，你一定可以赶上来的！"妈妈的鼓励就像一针强心剂，让我重新拾起了信心。果不其然，下来的考试，我的成绩在稳步前进，甚至

心理学博士指导小记

我们之前介绍过固定型思维和成长型思维的区别，夸奖也要符合成长型思维。引导孩子把注意力放在过程而非结果上，才能培养孩子面对挫折敢于尝试的勇气，不屈不挠的决心。

② 有效语言的力量　　149

有次我还拿了全班第一，进步了100多名！妈妈更是比我还开心，连连赞叹："功夫不负有心人，宝贝，这么多的日日夜夜，没有白费，你成功了！"

我发现，妈妈关心我的考试结果，但是却从不夸赞我取得的结果。她看到了我失败后的伤心，看到了我成功后的喜悦，但她更没有忽视我取得这些结果的过程，她看到了我的付出，看到了我的努力，即便有时结果并不是如我所想所愿，但她从不吝啬给予我肯定。但她从不夸我"聪明"，我有一次忍不住问她为什么。她说，**"聪明"会让人变得自负，甚至因为怕丢掉"聪明"而自我满足，不愿有新的尝试**。她不想自己的孩子成为这样的人，她要我知道，我能取得成绩都是源于我的努力，只要我持续地努力，我也将会有持续的收获。至今，这番话，我都记忆犹新。

不过，当我又一次向妈妈骄傲地炫耀我的成绩时，妈妈再一次让我有了新的认识。

"妈妈，你看，我又拿了第一！"

妈妈一边看着我的成绩单，一边开心地说：**"这段时间，连老师都告诉我你课堂表现好呢。"** 突然，她停下了浏览的目光，说："这个，你的学习日记中是不是出现过呀？"我瞄了一眼，是道错题，不禁有些不耐烦起来："妈妈，你老看我的作业干吗呀？成绩才是最重要！"

妈妈笑了笑，没说话，又继续往下看了，有时点头，

心理学博士指导小记

父母在夸赞孩子时，要注意赞美效应。比如，在表达夸奖时，要注意以下几点：第一，夸赞要具体，不要敷衍。有针对性的夸奖可以让孩子明白自己被夸奖的缘由，怎样去做才能获得家长更多的肯定。第二，夸赞要避免夸大其词，不切实际。第三，夸赞时仍要避免和其他人作比较。

有时皱眉。我也渐渐安静下来，开始反思自己最近的学习情况：成绩确实非常稳定，但我也逐渐有些懈怠，刚刚那道题，就是我不久前在学习日记中重点标注过的，但是考试我还是没能拿分。老师的赞美、同学的羡慕让我有些飘飘然，我有时候觉得，就保持这样的成绩不也挺好吗？虽然比不过那些最厉害的同学，但我这样的成绩去985也是绰绰有余了呀！

妈妈终于抬头说话了："孩子，你考试成绩很好，有时候甚至可以超常发挥。但高考不同于平时考试，巨大的压力下，很多人都很难正常发挥，你看这道，你重点标注过，考试中也难免还是会犯错。你平时的努力妈妈都看在眼里，你可要好好保持住，锻炼出一颗强大的平常心呀，妈妈相信你，胜不骄，败不馁，你肯定能做得更好！"

妈妈总是在关键时刻，能给我有针对性的提点。这次也是这

学霸说

　　妈妈意识到我的骄傲情绪，但是并没有直接指责，而是同样用赞美的语言提醒我，虚心才能使人进步，骄傲使人落后，要持续努力才能收获最终的美好。

② 有效语言的力量　　151

样。妈妈夸了我,但是却绵里带针点评了我最近的表现,告诉我不要骄傲自满。也因为这个原因,我再次端正了自己的学习态度:上课认真听讲;作业也力求完美;每一个问题力求弄懂、弄通,从不随便应付;对待考试,我关注的也不再是考试结果,而是考试时我的心态、技巧,有没有正确地应用好学到的知识和答题的技巧,是否尽量轻松地面对考试、是否准确地分配好了时间。

　　正确的赞美,可以将孩子引导到正确的方向上。仔细回味妈妈的话语,我似乎领悟到了赞美的真谛:**赞美的正确方式是赞美过程**。如果父母关注的是每一次成功、每一份成绩,孩子就会重点关注结果,而忽略了过程。其实,**过程才是根,成绩只是果**。只有把注意力放在根子上,果实才会美好。

★有效语言词典★

　　赞美效应,赞美是对一个人价值的肯定,而得到你肯定评价的人,往往也会怀着一种潜在的快乐心情来满足你对他的期待。

第35篇 手记

孩子要自由，父母要讲目标

规矩意识，有目标才会更自由，规矩之内才自由。

> 当孩子想要更多的"自由"时，就意味着孩子正在长大。这时，家长如果继续过度干涉，往往会引起孩子的逆反心理。但孩子毕竟还没有完全长大，家长也无法真正做到放任不管。这时候，要如何拿捏好"自由"和"管控"的度呢？
>
> 纪伯伦曾说"你的孩子，并不是你的孩子……他们陪伴你，却并不属于你。你可以给予他们爱，却不能给予他们思想，因为他们有自己的思想。"
>
> 尤其是青春期的孩子对"独立、自由"会有更多的需求，这个时候，父母应该多站在孩子的角度考虑问题，尊重孩子的正当要求，给孩子试错的机会。
>
> 作为一个独立的个体，孩子想要自由，家长给予尊重的同时，要给孩子内心种下一颗"向上"的种子，让孩子生出自己的目标感，让孩子明白自己应该去干什么，而不是家长去命令、强迫孩子做什么。

学霸成长手记

张蓉　高考总分：682
毕业于湖南省洞口一中
现就读于清华大学化学系

　　记得上初中时，有一阵子，同学们都流行穿破洞裤，打耳洞，染头发。在我那时的认知里，也觉得那些敢于做出这些行为的同学特别酷，有个性。在我看来，那的确是一种自由、自己做决定的象征。

　　于是，在与妈妈一起逛街时，我提出了想要打耳洞的想法。之前，妈妈曾经坚定地表现过对中学生这种行为的不理解。

　　我充满警戒地看着妈妈，心里盘算着如果妈妈反对，我这次就要抗争到底。

　　"你想要打耳洞？没问题啊！"

"嗯，你看，我也打了。"妈妈向我展示她的耳洞，我看到，大概是时间长了的缘故，妈妈的耳洞看上去有些大，而且让沉甸甸的耳坠坠得越发的变形了，不太美观，我心里有些小失望，这没有我想象中的酷嘛，而且看上去还很low。

"其实，我这个耳洞是打了两次才留下来的，两次都发炎了，最后一次坚持了两个多月才长好，所以，**你也要有思想准备哈**。"妈妈边带着我找店，边和蔼地提醒我。

想到可能会发炎，我就有点打退堂鼓了，但还不是很确定。

"对了，记得你不是特别羡慕那些飒爽女兵嘛，提醒一下哈，**听说打了耳洞就失去了当女兵的条件啊！**"妈妈好似无心地说着。

"啊！为什么？"妈妈耐心地给我介绍起了一些职业限制，这时，我果断地放弃了。

<u>很庆幸，在冲动地要去打耳洞时，妈妈没有生硬阻拦，否则我可能会产生逆反心理，她用平等交流的方式，从具体的目标出发，实事求是地帮我分析，让我自己选择，自己决定。</u>

随着自身的成长，我们会想要更大的自由，更宽广的空间，如果父母处处干涉，反而会激起孩子的叛逆，但是如果放手不管，孩子也有可能在没有边界的自由中迷失自我。感谢妈妈平静地给予引导，告诉我没有规则的自由，并不是真正的自由，自由更应该是建立在目标之上的选择。

还记得在高中文理分科时，到底是选文还是选理，我一时间拿不定主意。按照社会大环境来说，学理科也许会更有前途，就业机

> **心理学博士指导小记**
>
> 社会心理学中不乏对说服的研究，说服要有成效主要通过中心路径和外周路径清除障碍。本案例中就体现出多种能有效增加说服成功率的手段。
>
> 其一是，说服者在尝试说服时，隐藏了想要说服对方的意图。妈妈虽然内心想劝阻女儿打耳洞，但是直接阻拦会激起青春期孩子的逆反心理，因此采用了更迂回的做法。
>
> 其二是，用自己的亲身体验唤起恐惧（耳洞发炎）、失望（耳洞不美观）的心理，争取认同。
>
> 其二是，通过介绍职业限制，激发孩子未曾设想过的思考，最终达到孩子态度转变的效果，是从中心路径出发的优秀例证。
>
> 家长善用说服的技巧，可以取得更好的说服效果。

会更多。我本身觉得更喜欢理科一点，只是如果选择了理科，可能就意味着比学文科刷更多的题，做更多的实验，也面临着吃更多的苦，道路更坎坷一些。而另一方面，我看到大部分的女生都打算选择文科，因为女生天性敏感细腻，理解力和表达力往往更好，在文科的学习上肯定有先天优势，如鱼得水。两相权衡之下，我有些犹豫不定。

我跟爸爸妈妈说了这样的考虑。

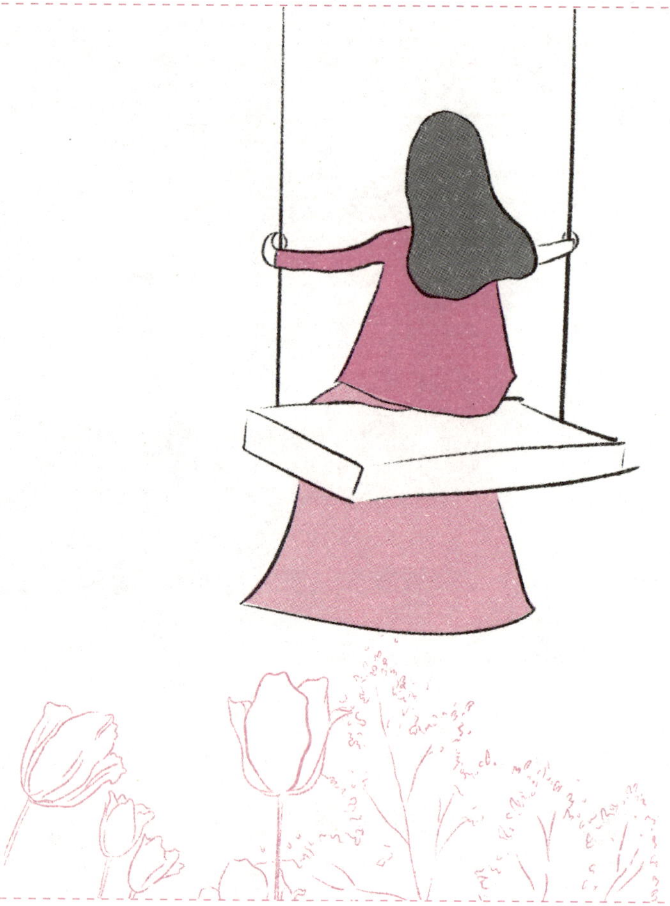

爸爸说:"其实,文科和理科就像两座高山,无论你想爬哪座山,想到达山顶体会'一览众山小'的意境,都要付出十分的努力,而且没有捷径可走。所以,无论文科还是理科,要想取得成绩,都要付出汗水。不存在哪个更累,哪个更轻松的说法。"

没想到爸爸一眼就看出了我的小心思。

"但是,整体来看学理科的女生占比很少。女生学理科可能会更难一些……"

"你看啊,有的人打算以后当医生,那他就要报理科,有的人以后打算当画家,他可能会选文科,所以,每个人做选择的标准都不一样。你要想想你的目标和方向在哪里,不要被别人的决定所左右。"

听到爸爸循循善诱的话语,我想起了自己儿时的梦想——成为一个探究学科前沿的科学家,这还是我在看某影片时,被故事中的人物所感动,在心里埋下的愿望。很多年里,它都在我的心底深处,每当我在学习中遇到困难时,它就会站出来,站在美丽的远方冲我招手、给我加油打气,让我有足够的勇气去克服眼前的困难。这就是我的梦想,也是我奋斗的最原始动力,我怎么把这个给忘记了呢?

爸爸接着说:"你还记得咱们家的家风、家训吗?"

爸爸说的家风、家训,我倒是没忘——"自强不息,

学霸说 当我犹豫如何做出选择时,爸爸适时地提醒我,选择不能囿于眼前的利益和别人的看法,更应该将目光放得长远,不忘自己的初心和目标。

② 有效语言的力量

厚德载物",这也让我想起父母这么多年一直坚持奋斗,自立自强的过往岁月。

"爸爸,我决定了,我就选择理科吧!"爸爸的话启发了我,让我再次坚定了自己的志向,也激起了我的奋斗精神。

今天,当我行走在理想中的校园内时,我对当初爸爸妈妈的引导充满了感激之情。感谢他们在我犹豫不定时,及时地点醒了我,帮我重拾年少时的梦想和目标,激发了我不畏艰难的勇气。我也很庆幸有这样的父母,在我人生的关键时刻,用足够的冷静和爱,引领着我,让我走进了目前所热爱的专业领域。

★有效语言词典★

说服的中心路径是通过摆事实讲道理,向被说服者传达合乎逻辑的观点。说服的外周路径指的是通过其他说服方式让被说服者接受说服者的立场,而不一定要提供严密周全的论据。

第36篇 手记

成长需要来自父母宠溺地语言鼓励

语言鼓励能够帮助孩子建立学习兴趣与克服困难的自信。

"

"打击式教育"是许多父母在孩子学习过程中习惯性的教育方式。相比于表扬孩子的优点,大多数家长更倾向于发现、指出孩子的不足,因为我们希望他们能及时改进,获得更大的成绩,甚至在孩子完美完成某件事情后,因为害怕孩子骄傲,我们会选择回避赞美或是虽有表扬但之后也不忘泼盆冷水,只希望他们能够下次继续努力。

可是家长们换位思考想一想,如果你在工作中尽心尽力,却总是换来老板的不屑一顾时,会怎样?同样,孩子在做事情的过程中付出了十分的努力,但却没有得到父母一分的关注与肯定,甚至即便结果理想,父母也只是一味地批评孩子哪里做得不好时,那么在下一次面对同样的事情时,孩子还是否会保持和以前一样的兴趣和信心呢?

其实,在孩子独立面对事情或遇到困难时,不吝惜鼓励与赞美的语言或许比着急指出孩子的不足、批评孩子更加有效。

"

学霸成长手记

张灏宇 高考总分：**679**
毕业于重庆市第一中学校
现就读于北京大学工学院

上小学时，我兴冲冲地加入了钢琴练习的大军，为此妈妈还特地花大价钱买了一台钢琴放在卧室，方便我天天练习。可在接触一段时间后，我发现学习乐器需要时间的积累，不断地练习，本身是很枯燥无味的。再加上老师和妈妈时不时地指正、提醒和监督，原本轻松的兴趣，后来却总是让我神经紧绷，意兴阑珊。

一次在电梯里，我们偶遇了另一位"学友"，妈妈在和她的父母交谈中知道这个孩子刚刚参加完一个区里的钢琴比赛并拿到了第二名，便开始羡慕地大加夸赞："你家孩子真是太棒了，我这孩子要是能有她的十分之一就好了。"在了解到那个小朋友每天都会自觉练习钢琴之后,妈妈又接着说:"我儿子练琴从不让我省心,太贪玩了,一点都不自觉。"那时在电梯里的我感到既委屈又伤心,虽然我时常会犯一些错误,但我也并不全然不认真,我也牺牲了许多与朋友玩乐的时间去练习钢琴,为什么妈妈却只关注我的缺点呢。

此后,妈妈也总是会不经意间提到那个孩子,说我的种种不是,要向人家好好学习。我开始越来越反感妈妈的说教,也开始对弹钢琴抵触起来。

当她再一次质问我时,我终于忍不住,边哭边哑着嗓子问:**"为什么你只表扬别人家的小孩,却总是说我不好呢?难道你看不到我的努力吗?难道我没有优点吗?"**

一瞬间,妈妈愣住了,过了好一会儿,她才上前帮我擦眼泪,然后拉起我心平气和地说:"孩子,妈妈知道你在学习钢琴过程中付出了许多,总是在你面前表扬别的孩子,并不是妈妈没有看到你的努力,其实妈妈也只是单纯地想鞭策你变得更好,妈妈没想到这样做会让你感受那么不好,是妈妈考虑欠妥了。其实,在妈妈的心里,你一直就很优秀,妈妈嘴上没说,但是心里是认可你的,妈妈以后一定会注意自己的说话方式,不要伤心啦,好吗?"

这之后,妈妈确实在慢慢改变,她开始有意识地避免在亲朋面前数落我,有意识地对我的所作所为表达欣赏。我也在妈妈的宠溺地语言中,感受到了她浓浓的爱意,变得不再总是对她反感,和她对抗。

初中时,虽然我的成绩名列前茅,但却非常不爱运动,为了让

> **心理学博士指导小记**
>
> 　　为什么父母们好好道个歉这么困难？从社会心理学的角度看，这是"认知失调"惹的祸。但是有的家长不断为自己的行为开脱，以支持自己的信念，维持权威的父母形象。这种情况下，可能表现为犯错的家长不但不愿道歉，反而错得更加有底气。
>
> 　　案例中妈妈主动道歉，收获了良性的亲子关系。正确的道歉包括以下这些要素：表示懊悔，请求原谅，认识错处，主动担责，提出补偿，誓不再犯等。

我强健体魄，妈妈建议我去学习游泳。对于体育运动，我一直不太感兴趣并觉得自己没有体育天赋，学起来一定非常困难。妈妈知道了我的心思后说：**"也许你是对的，妈妈只是建议哈，决定权在你。"**"不过，妈妈觉得呀，我的宝贝可是很棒的呢。你看，你数学是不是刚开始连数字都不认识，可现在加减法做起来都那么轻松了；英语也一样，现在都可以给妈妈做个小翻译了呢。游泳啊，我觉得你也可以试试。**你放心啊，妈妈一直会陪着你的！**妈妈相信你，你接受新事物的能力肯定比我强。"看着妈妈信任的眼神，我也没来由地就有了自信，于是我又冲动地开启了自己的游泳课程。

最初也并不是那么一帆风顺,呛过几口水后,我哭着说:"不行,我总也做不好,我学不会的。"妈妈搂过我,边拍着我的背,边安慰说:"<u>没关系,没关系,你无论做得怎么样,都是妈妈最爱的宝贝。</u>"终于等我平静下来,妈妈说:"我们宝贝肯定很害怕吧,妈妈也觉得有点吓人,你是不知道,我当初学游泳的时候,有一次呛水,感觉自己会被淹死呢,幸好教练教了我一些方法,后来自己呛水多了也掌握了点技巧,感觉才好起来。""是吗?"我怀疑地问。"当然了,谁能不害怕呢!怎么,你不害怕吗?"我一听就不干了,"谁说我害怕了,我一定比你学得快!"让人欣喜的是,突破了最初的害怕心理,在教练的指导下,我很快游得轻松起来。随着一点点的进步,每每回家后,我都会与爸爸妈妈分享当天的学习成果,他们每次也都宠溺地夸我:真棒,太厉害了!受到他们不断地鼓励,我

学霸说

不管做得好坏,妈妈总是会给予我无条件的爱,这让我感到满满的安全感,所以更能没有顾忌地去放手做事。

的劲头越来越足，游得越来越好，也更乐于去接触一些其他的体育运动。

对于弹钢琴，我最初是抱有极大的兴趣，而对于游泳，我并没有多大希望，按常理而言，我更能够长久坚持下来的兴趣应该是弹钢琴，但最后结果却截然相反。现在回想起来，是妈妈截然相反的态度，导致了两种截然不同的结果。

学钢琴时，妈妈一味指责、比较，让我感觉妈妈对我失望至极，自己也变得没有自信，更加消沉。学游泳时，妈妈却一直宠溺地包容我，鼓励我，这让我坚信自己一定可以克服障碍与困难，这让我在一个自信而坚定的心埋状态下能不断提升。

其实，爸爸妈妈都是爱我们的，但是如果父母把自己的爱藏得太深，久而久之，孩子会觉得被忽视，甚至会怀疑父母，怀疑自己。**好的孩子都是被"夸"出来的，在孩子成才过程中，家长不要吝啬赞美的语言，尤其是在孩子遇到困难与试错过程中，父母无条件的爱就是我们最大的底气，父母宠溺的语言就是我们能顺利过关的有力支撑。**

在进入高中之后，我逐渐开始接触物理竞赛这一板块，最开始时，我感觉学起来晦涩难懂，而且很长一段时间内，我的成绩都没有大的突破，这让我产生了一些自我怀疑与自卑感，那时的父母就总是安慰我说："爸爸妈妈觉得你已经做得非常不错了，物理竞赛题目本身难度就很大，你能坚持下来，本身就很了不起。"他们的话总是让我觉得自己得到了足够的认可，心里暖暖的。

有一次物理考试时，有道题，我真的是一点思路都没有，同桌

> **学霸说**
> 哪怕我犯了错误，爸爸也没有粗暴地批评，他依然用肯定的语言告诉我他们对我的信任和希望，我又怎么能辜负他们呢。

看出了我的窘况，他不动声色地把自己的试卷往我这边推了推。我高兴极了，想都没想就抄了起来，可等我再抬头的时候，发现老师就站在跟前了，结果可想而知，老师告诉了我的父母。回家后，爸爸叫过我问："老师说你考试抄答案，是这样的吗？"我羞愧地点点头。爸爸并没有批评我，反而说："爸爸知道你是个诚实的孩子，但是你抄答案，却会让人觉得你'不诚实''不努力'，会失去别人的信任，你想想是不是这样。"我更是无地自容。他继续说："爸爸相信你，只要你付出努力，一定能学好，不需要去抄别人的答案，下次，我们就证明给老师看，好吗？""嗯。"我肯定地回答。

后来，我果然拿出百倍的精力去好好学习，他们看我这么用功，经常会心疼地对我说："学习累了，就好好休息一下，咱不贪快，慢慢来啊。""如果觉得吃力，不妨放慢脚步，有时候一头扎下去没有方向地往前冲，其实并不是什么好现象，停下来，看看自己走过的路，总结反思一下自己的学习方法，也许有不一样的收获呢。"在父母的鼓励之下，我优化调整了自己的学习方法，成绩果然有了提高。他们又不失时机地出现，说："宝贝，近来状态很不错哈，学无止境，继续加油！"到竞赛场上时，爸爸妈妈也总是说："放松去考，不管好坏，爸爸妈妈都支持你。"后来，我获得了全国物理竞赛银牌，拿到了高考降重本线进入北京大学学习的回报,他们也一脸自豪。

如今我已步入成年世界,但父母的宠溺地语言一直在我耳边,他们的鼓励与赞美推动着我以坚定、自信的脚步一步步迈入更高的平台。父亲告诉我"成败是一时的,但自信是需要终身保持的",我想我也会带着这样的教育观念教育我的孩子,坚信自己也可以拥有打破黑暗、迎来光明的力量。

学霸说

爸妈在我的成长过程中,总是用宠溺地语言保护着我的自信和自尊,这非但没有把我"养废",反而更加快乐健康。这种教育理念应该让更多的人看到才好。

②有效语言的力量

> ★ 有效语言词典 ★
>
> 认知失调指的是人的行为与此前的自我认知产生矛盾,因此感到不适。当父母伤害孩子的行为与自己"深爱孩子,一切都是为孩子好"的认知冲突时,认知失调便产生了。正确的缓和认知失调的方式,可以是调整既有行为,如不再继续伤害孩子;或者修改自己的认知,如承认自己即使深爱孩子也可能会做出伤害孩子的行为。